神級にレベルアップする！

イラスト レッスン

推しかわ♡

JN196145

JTBパブリッシング

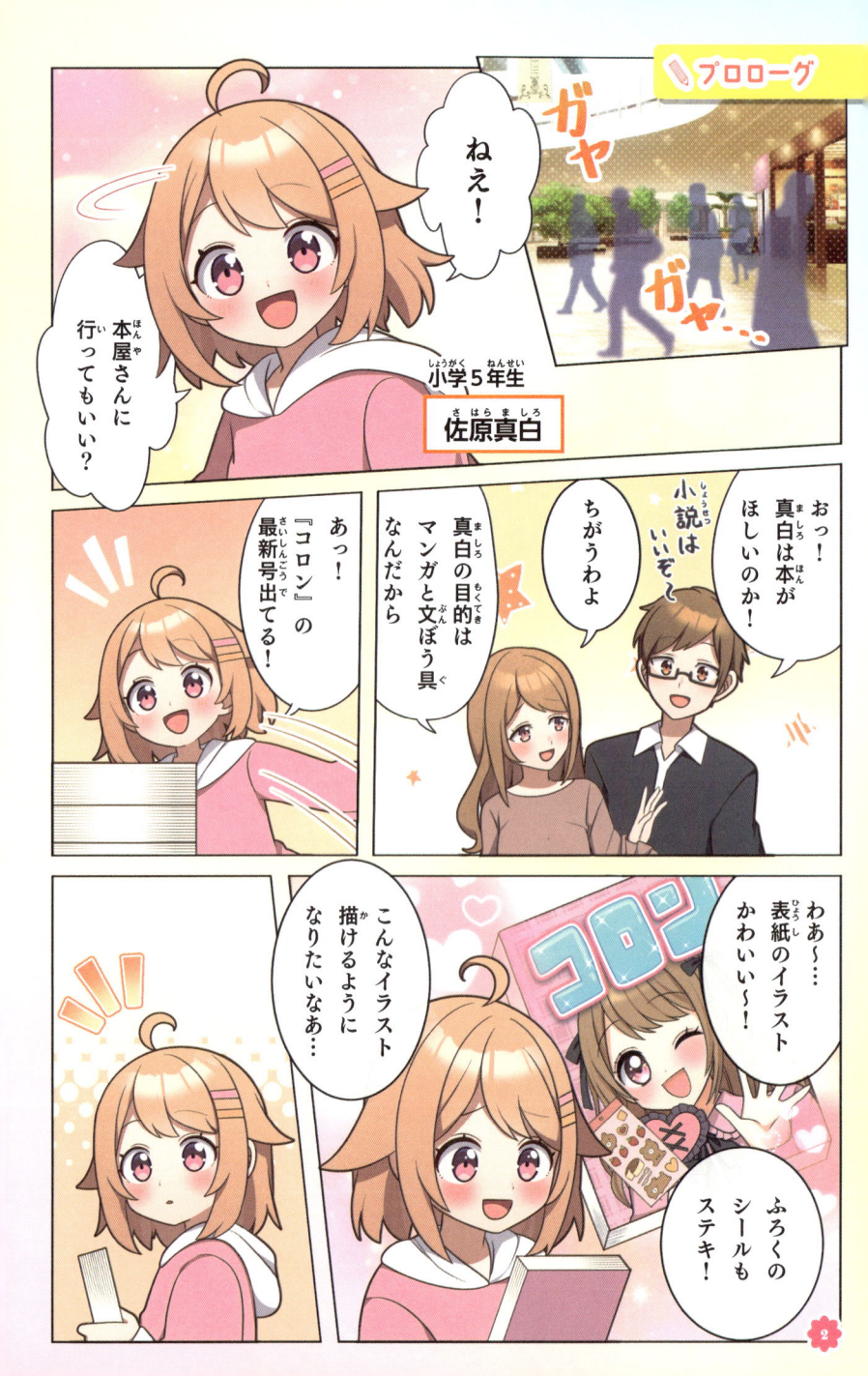

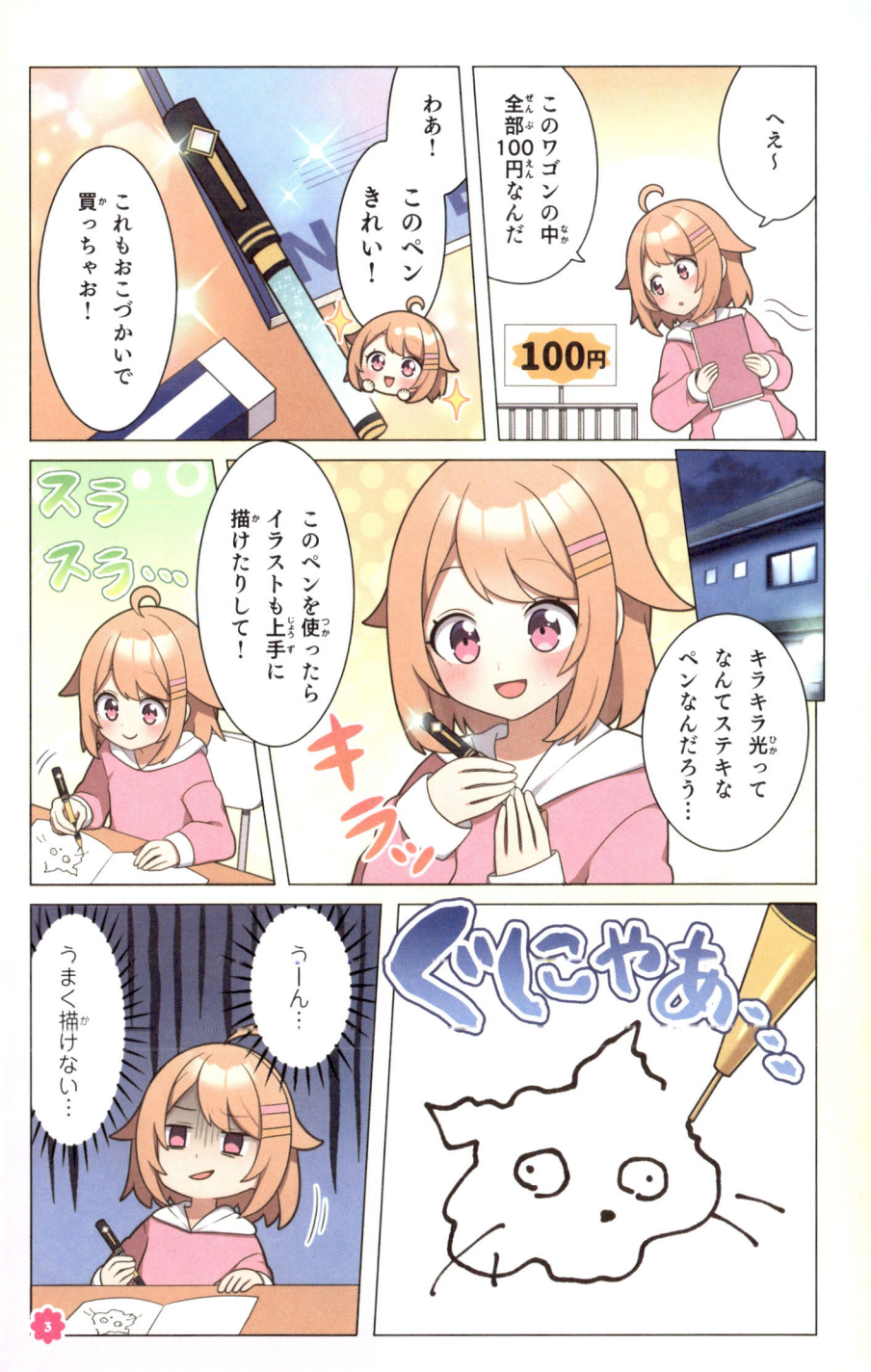

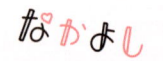

ポイント

おやすみ

OK

4章　キラキラ☆アニメ風タッチにチャレンジ！ ……**131**

5章　オリジナルポスターをデザインしてみよう◇◇ ……**185**

今日から使える！
推しかわ♡イラスト使いかたしょうかい

あこがれのあの人にきいちゃお！
教えて！イラストレーターさん！

登場人物

佐原真白 <ruby>さ<rt>さ</rt></ruby>

元気で明るい小学5年生。少しぬけている、うっかり屋な一面も。かわいいものが好きで、イラストを上手に描けるようになりたいと思っている。

翡翠 <ruby>ひすい<rt>ひすい</rt></ruby>

イラストの神様。ペンが本来の姿。100円セールのワゴンでひるねをしていたところを真白に買われた。どんなイラストでもカンペキに描ける。あまいものが大好き。

本来の姿

真白のクラスメイト

碧

桃花

1章

イラストの

キホンを知ろう♪

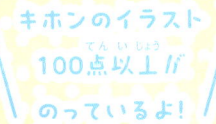

キホンのイラスト
100点以上が
のっているよ！

でもなんでこれがイラストのキホンなの？こんなイラスト描くことってないじゃない

いやいや

実はこれがとても大事なんだ

何事もキホンが大事だぞ！

キホンができてはじめて応用ができるようになるんだ

勉強だってスポーツだってそこは同じだろう？

そういえばクラブ活動のバスケも最初はキホンの練習ばっかりさせられてたなぁ

早く試合がしたいってよく思ってたっけ…

あれ
このイラスト…

よく見ると
○と△と…□で
できてる？

ほら！
これを
見てみろ

そのとおり!

つまりキホンをちゃんとおさえられればこういうイラストを上手に描けるようになるんだ

そうなんだ!

まずはこの3つを描けるようになるまでがんばるぞ!

よーし…

うおおお〜〜っ!!

いだだだだ!!

気合いを入れすぎだ!!

キホンの○△□

○△□で どんなイラストが 描けるかな?

ほとんどのイラストは○△□の形をもとにして描くことができるよ。
○△□を使った、かんたんなイラストからちょっと難しいイラストの
描きかたまでを学んで、キホンをマスターしちゃおう!

○△□でかんたんなイラストを描いてみよう!

それぞれのとくちょうを意識して描こう。
キホンの形が描けたら、たてや横にのばしたり、角をまるくしたりして
アレンジしてみてね。

まる 角が1つもない、ボールのような形を意識しよう!

きれいな○
時計
ドーナツ
野球ボール

だえん
雪ウサギ
目玉焼き
ミカン

ほそ長い○
フランスパン
ペン
キュウリ

△ 3つの角の角度を意識しよう。角度を大きくつけたり、角をとがって描いたり、まるく描いたりするだけでも印象が変わるよ！

たて長

クラッカー

ニンジン

正さんかく

おでんのこんにゃく

おにぎり

山

スイカ

□ 向かい合う線の長さがそれぞれ同じになるように意識しよう。たてや横の長さを変えるといろいろな形になるよ☆

横長

電車

じょうぎ

正方形

サイコロ

プレゼント

角はまるく

たて長

消しゴム

ビル

○△□をそれぞれ組み合わせると、もっとたくさんのイラストが描けるようになるよ。
どんなものができるか考えて描いてみよう。

○＋？ で描けるもの

○△□だけで なんでも描けそう！

○＋□　雪だるま

○＋△　お日さま

○＋□　虫メガネ

○＋○　てんとう虫

○＋△　風船

○＋△　アイスクリーム

○＋○　メダル

○＋□　電球

アイスクリーム……うまそうだな♡

△ ＋ ？ で描けるもの

△ ＋ ○
ぼうし

△ ＋ △
さかな

□を少し変形させて
△ ＋ □
タワー

△ ＋ △
ちょう

△ ＋ ○
イチゴの形をまるくして
クレープ

□ ＋ ？ で描けるもの

□ ＋ ○
学校

□ ＋ △
家

□ ＋ ○
ゲーム

えんぴつ
□ ＋ △

カメラ
□ ＋ ○

もっと レベルアップ

ものの形を考えてみよう！

○△□がかくれている？

身のまわりのものがどんな形でできているかを考えると、イラストを描くときに役立つよ！

立体的なイラストを描くポイント

○△□にアレンジを加えると、奥ゆきのある立体的なイラストにすることができるよ。立体的に描くポイントを覚えよう！

しかく
□

立体的な □

立体にするとうき上がって見える！

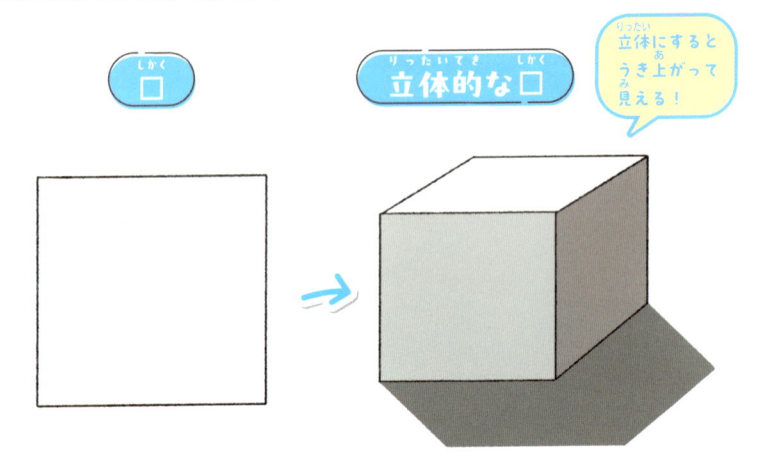

ほかにも、こんな立体的なイラストが描ける！

いえ
家 → 立体的な家 　 つくえ → 立体的なつくえ

立体的に描くポイント

☆いろいろな角度から、ものをよく観察しよう。

☆線の角度や長さをそろえよう。

☆光とかげを意識しよう！

次のページでそれぞれ教えるぞ！

いろいろな角度から見てみよう！

立体のものは、見る角度を変えると見える形が変わるよ。
いろいろなものを観察して、どんな形になるか考えてみよう！

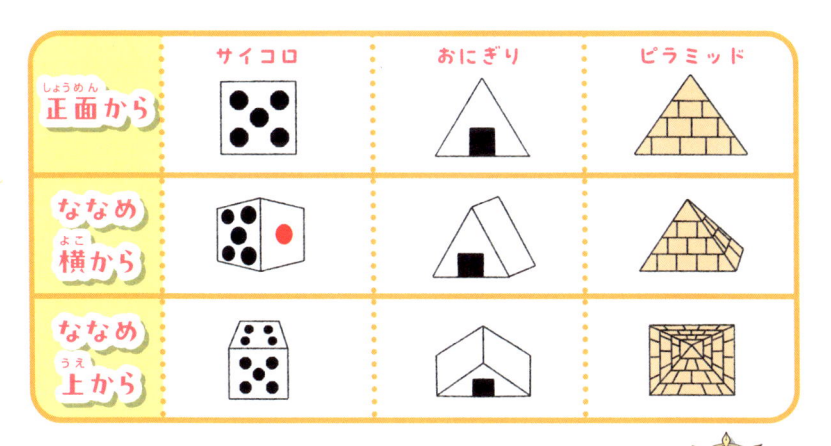

	サイコロ	おにぎり	ピラミッド
正面から			
ななめ横から			
ななめ上から			

> 身のまわりのものを上・横・近く・遠く……と
> いろいろな角度や距離から観察してみるといいぞ！

□を立体的に描いてみよう！

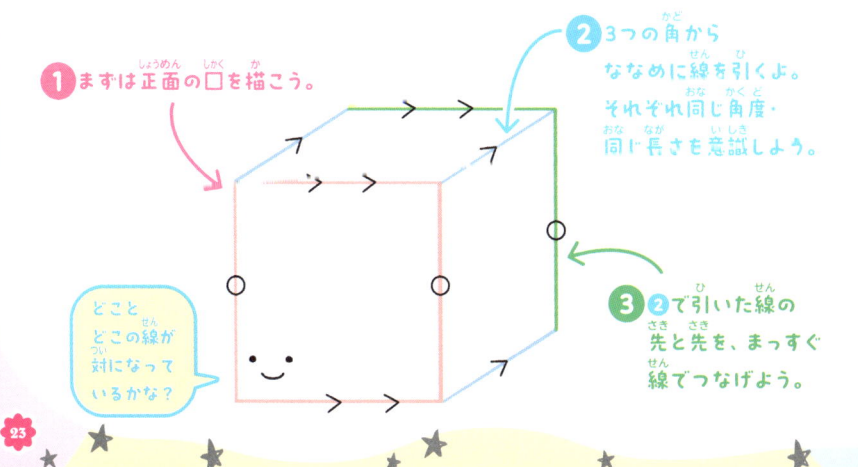

❶ まずは正面の□を描こう。

どこと
どこの線が
対になって
いるかな？

❷ 3つの角から
ななめに線を引くよ。
それぞれ同じ角度・
同じ長さを意識しよう。

❸ ❷で引いた線の
先と先を、まっすぐ
線でつなげよう。

光とかげの描きかたをマスターしよう！

明るさと暗さをあらわす光とかげを描き足すことで、イラストにより立体感を出すことができるよ。光とかげの描きかたを見てみよう！

光とかげの効果

光とかげのない
台にのったリンゴ

これも
自然な感じに
見えるけど……

光とかげを描いた
台にのったリンゴ

明るい色や暗い色を
うまく使うと
よりリアルな
イラストになるぞ！

光とかげの表現はいろいろ！

太陽の光が
横から

太陽の光が
うしろから

ライトの光が
上から

ステージライト
など

光とかげを描くポイント

光源から出る光の向きを決めよう！

光やかげを描く前に、光が出ている源である「光源」（太陽やライトなど）の位置を想像して、光の向きを決めよう。光の向きによって光とかげの描きかたが変わるから、はじめは矢印などで光の向きを描いておくとわかりやすいよ。

光は右上から差している！

光が当たらない部分のかげの色を調整しよう！

かげは光源から反対の方向にできるよ。かげは、ものにさえぎられて地面に落ちるかげと、物体そのものにできるかげの2つがあるよ。

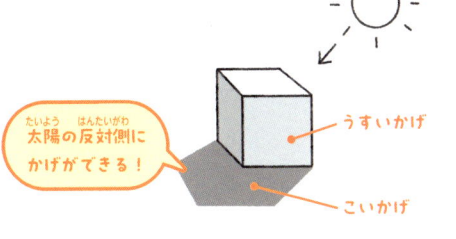

太陽の反対側にかげができる！

うすいかげ

こいかげ

光が一番当たる部分にハイライトを描こう！

光が一番当たるところを白（もしくは明るい色）でぬろう。この部分を「ハイライト」ともいうよ。ハイライトを入れると、立体に見えたりキラキラした印象になったりするよ。

ハイライト

光が一番当たる場所はココ！

もっとレベルアップ

立体的な文字を書いてみよう！

立体的なイラストの描きかたを使って文字をアレンジしてみよう。かげやハイライトを描くことで、文字がより目立った印象になるよ。

イラストに使う道具や色について学ぼう！

描いたイラストに色をぬってみよう。
使う道具や色、色の組み合わせによって印象が変わるよ！

ペンを選ぼう！

えんぴつのほかにも、イラストや文字を書くために使うペンはたくさんあるよ。水性は色の種類が多くて発色もいい。油性はかわくのが早くて、水にぬれてもにじまないというとくちょうがあるよ！

けい光マーカー 水性

半とうめいで下に描かれた文字が残るから、目立たせたいところに線や印を描いて使おう。

カラーボールペン

水性（ゲル）
色の種類が豊富だから好きな色を探してね！

ジュースアップ／
株式会社パイロット
コーポレーション

水性（ジェル）
線の太さがたくさんあって、選べるのがとくちょう♡好きな太さで描こう♡

サラサクリップ／
ゼブラ株式会社

マイルドライナー／
ゼブラ株式会社

※水性のインクにゲル化剤を混ぜて、なめらかな描き心地にしたものをゲルインク・ジェルインクといいます。名称は各企業の表記に合わせて載せています。

カラーペン 水性

いろいろな色や太さがあるよ。目立たせたい文字に使うといいかも！

クリッカート／ゼブラ株式会社

ペン1本でもようを描こう！

ペン1本で描けるもようをしょうかいするよ。

マネして描いてみよう！

ななめ

水玉

チェック

ストライプ

市松もよう

ぐるぐる

ポスカ 水性
太くてしっかり
色がのるから
ポスターを描くときに
ピッタリ！

〇 △ □
あ い う

ポスカ(細字丸芯)／
三菱鉛筆株式会社

ツルツルした
ものにも描けるよ！

ラメペン 水性
キラキラのラメで
ゴージャスな印象に！

〇 △ □
あ い う

ポスカラメ入り(細字)／
三菱鉛筆株式会社

〇 △ □
あ い う

キラリッチ／
ゼブラ株式会社

マーカー 油性
水にぬれても
にじみにくく、
紙以外にも描けるよ！

〇 △ □
あ い う

マッキー極細／ゼブラ株式会社

色ぬりの道具はほかにもたくさん！

イラストに色をつける道具はほかにもたくさん。描きたいイラストに合わせて
道具を選ぼう！　種類のちがう道具を組み合わせて描く方法もあるよ。

色えんぴつ

色の種類がたくさんあるよ。
角度をつけたり、
しんをけずったりして
線の太さを
変えられるから
細かい部分もよくぬれる！

缶入り色鉛筆NQ 24色セット／
株式会社トンボ鉛筆

パステル

スラスラと描き心地バツグン！
色を重ねて使うときれいだよ。

ぺんてるパステル
（デッサン・クロッキー・
コンテ用）6色
高彩度タイプ／
ぺんてる株式会社

クーピー

やわらかい印象に
したいときにおすすめ！
消しゴムで消しやすいのが
とくちょうだよ。

※クーピーは
株式会社
サクラクレパスの
登録商標です。

クーピーペンシル®
18色（缶入り）／
株式会社サクラクレパス

とうめいすいさいえのぐ

とうめい感のある発色で、あえて
にじませたり、ぼかしたりするのがきれいだよ。
紙にしか描けないので注意！

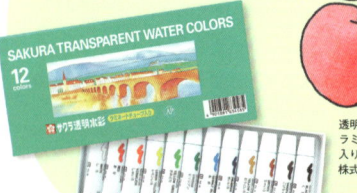

透明水彩12色
ラミネートチューブ
入り（5ml）／
株式会社サクラクレパス

アクリルえのぐ

あざやかな発色でかわくのが早いよ。
紙以外のものに色をつけられて、
水に強いからぬれても安心！

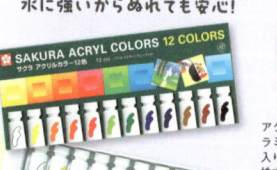

アクリルカラー12色
ラミネートチューブ
入り（12ml）／
株式会社サクラクレパス

アルコールマーカー

かわくのが早くて、
色がとってもあざやかにうつるよ!
とうめいすいさいえのぐのように
ぼかすこともできるすぐれもの!

コピックチャオ スタート12色セット／
株式会社トゥーマーカープロダクツ
※コピックは株式会社 Too の登録商標です。

「ホワイトボールペン」で
ハイライトをぬるのが
おすすめ!

ピュアホワイト／
株式会社立川ピン
製作所

多機能ペン

こすると消えるペン(写真上)や
ドットペン(写真下)などもあるよ!
お店で探してみてね♪

フリクションボールノック／
株式会社パイロットコーポレーション

ZIGクリーンカラードット ／株式会社呉竹

もっと レベルアップ　ペンの太さを使い分けよう

ペンの太さによって、描いたりぬったりした
ときの印象が変わるよ。とくちょっを知って、使
い分けたら上級者☆

ふでペン

べんてる筆／ぺんてる株式会社
アートブラッシュ／ぺんてる株式会社

ふでペンは
描くときの力のかげんで
太さを調節できるよ♪

細いペン
ありがとう♡

中くらいのペン
ありがとう♡

太いペン
ありがとう♡

ふでペン
ありがとう♡

色について知ろう！

身のまわりには数えきれないほどたくさんの「色」があるよ。
色のもつイメージや組み合わせかたを知って、イラストに役立てよう！

色のもつイメージ
「色」には多くの人が感じやすいイメージがあるよ。

\キリッ/ 赤 ▼ 情熱的

\うーい/ 黄 ▼ 元気

\きゅるん/ ピンク ▼ かわいい

\さらり/ 青 ▼ さわやか

\ふふん♡/ むらさき ▼ 大人っぽい

\ほわほわ/ 緑 ▼ いやし

色合いのちがい
「色」は同じでも、明るさや色味によって見えかたや印象が変わるよ。

たとえば 「赤色」のリンゴなら……

\うすい/

やさしいふんいき

\あざやか/

しんせんでおいしそう♡

\暗い/

ずっしり重そう

同じ「赤色」なのにこんなに印象が変わるんだ！
描きたいイラストに合った色合いを選ぶのも大事かも

色合いのもつイメージ

「色」だけでなく、「色合い」によっても感じやすいイメージがあるよ。

パワフル

あざやかな色

やわらかい

白っぽい色

あたたかい

あざやかな赤や黄系の色

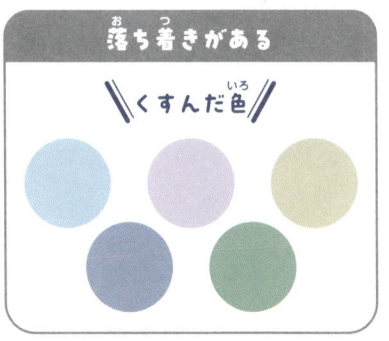

落ち着きがある

くすんだ色

しっかりしている

暗めな色

すずしい

くすんだ青や緑系の色

イラストに使う色にもこだわろう！

使う色の組み合わせによってイラストに一体感を出すことができるよ。
イメージに合う色をいくつか組み合わせて描いてみよう。

ポップ

チューリップ

ガーランド

ラッパ

風船

ゆめかわ

レインボー

ユニコーン

ステッキ

アイスクリーム

シック

カップ

カギ

花びん

時計

エレガント

城
宝石
ランプ
ティアラ

ガーリー

リボン
香水
かばん
クマの
ぬいぐるみ

ナチュラル

木
家
本
鳥

さわやか

あわ
ジュース
貝がら
風りん

教えて！ イラストレーターさん！ ①

イラストを描くことをお仕事にしているイラストレーターさんに
あれこれをきいてみたよ！

Q 子どものころ、どんなイラストを描くのが好きでしたか？

A 4コママンガ

中学生のときは、オリジナルのキャラクターを作って4コママンガを描くのにはまっていました。

Uka先生

A マンガの模写

大好きな少年マンガをよく模写していました。子どものころはマンガ家になるのが夢だったので、自作のマンガもよく描いていました。

den先生

A お姫様や動物

キラキラしたお姫様やイヌ、ネコを描くことが多かったです！　流行りのアニメのキャラクターもよく描いていました。

ぬこニニ先生

A 好きなキャラクター

少年マンガが好きだったので、マンガに登場する好きなキャラクターをよく描いていました。

ばななふぃっしゅ先生

どの先生もマンガやアニメのキャラクターを描いていたんだ〜！　なんだか親近感がわくなあ

人物の顔から
からだの描きかたを
細かくレクチャーするよ！

2章

ゆるふわ♡イラストで目指せクラスの人気者↗

HAPPY BIRTHDAY

動物や食べものの
かわいい描きかたも
ばっちりわかる！

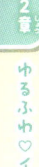

私って実は才能あったのかも

もうカンペキです!

見るからに調子に乗ってるな…

うんうんカンペキだ!

それならもうレッスン終了だな

あれーっ!?

ドクン

いきなり大きな声を出すな!びっくりするだろう!

どうして?

キホンはカンペキなはずなのに…

かわいい動物を描こうと思ったら…

こ…

これは!!

動物？
どれどれ…

これでよく
カンペキだなんて
いえたな…

だってだって～!!

……………

翡翠ってやっぱりイラストの神様なんだね！

ドヤァ

どれどれ…。

もくもく…。

よーし！

私ももう一度挑戦！！

へにゃ…

うーん…

まだまだ道のりは長そうだな…

どう？

さっきよりうまく描けたと思う！

キホンで覚えたテクニックを使って人物を描こう。
顔の描きかたから手や足などのからだの描きかたまでを覚えて、
表情や動きを出すアレンジ方法なども学んでいこう！

顔のキホンをマスターしよう！

人物の顔を描くときは、それぞれの顔のパーツの位置や大きさをバランス良く描くことが大事だよ。パーツごとのとくちょうを見てみよう！

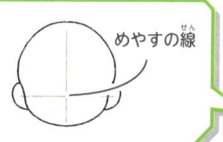

りんかくを描いたあとに、十字線
（顔の中心にたての線、目の位置に横の線）
を引いておくと、それぞれのパーツを
バランスよく描くためのめやすにできるぞ！

めやすの線

りんかく

まずキホンの形になる○を描いてからだえんに近づけるとかわいくなるよ。

目
めやすの横の線上に、左右にバランス良く描こう。

鼻
目と目の間に描くよ。

耳
目と同じ高さに、左右それぞれ描こう。

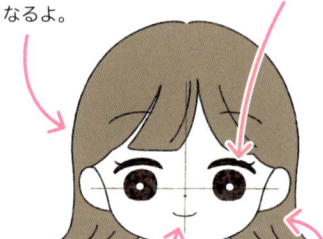

口
鼻の下に描くよ。めやすのたての線をはさんで、左右の長さを合わせよう。

かみの毛
顔の上部に前がみ、顔の外側にうしろがみを描こう。長さや色を変えてもいいよ。

まゆ毛
目の上にそれぞれ描こう。角度や位置によって印象が変わるよ。

顔のパーツのバリエーションしょうかい

顔のパーツの描きかたにはたくさんのバリエーションがあるよ。
描きたい人物のイラストに合わせてアレンジしてみてね♪

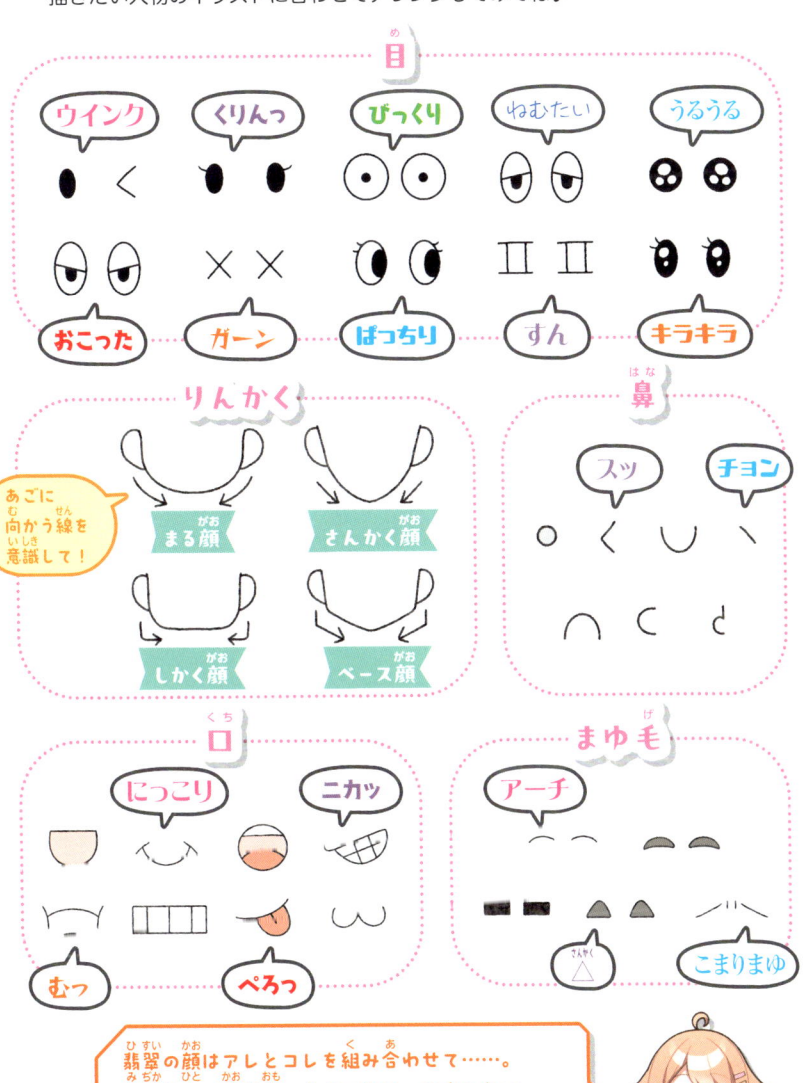

目

- ウインク
- くりんっ
- びっくり
- ねむたい
- うるうる
- おこった
- ガーン
- ぱっちり
- すん
- キラキラ

りんかく

あごに向かう線を意識して！

- まる顔
- さんかく顔
- しかく顔
- ベース顔

鼻

- スッ
- チョン

口

- にっこり
- ニカッ
- むっ
- ぺろっ

まゆ毛

- アーチ
- さんかく
- こまりまゆ

翡翠の顔はアレとコレを組み合わせて……。
身近な人の顔を思いうかべたり、マネしたい
人物のイラストを見たりすると描きやすいかも！

いろいろな表情を描いてみよう！

顔のパーツの描きかたを変えると、気持ちをあらわす表情をつけることができるよ。
キホンの表情でポイントをつかんだら、いろいろな表情の顔を描こう！

キホンの表情

うれしい顔

口角を上げて、ほほえんでいる表情にしよう

＼にこにこ／

おこった顔

まゆ毛はつり上げて描くよ！

口の形はへの字にしよう

＼ぷんぷん／

悲しい顔

まゆ毛は下向きに描こう

なみだを足すと、より悲しい気持ちをあらわすことができるよ

＼しくしく／

楽しい顔

口を大きくあけて、笑っているように描こう♪

＼わーい／

表情をつけるポイントはまゆ毛と目と口だ！　大きさや角度・形を変えて、いろいろな表情を描いてみるといいぞ！

こんな表情も描いてみよう!

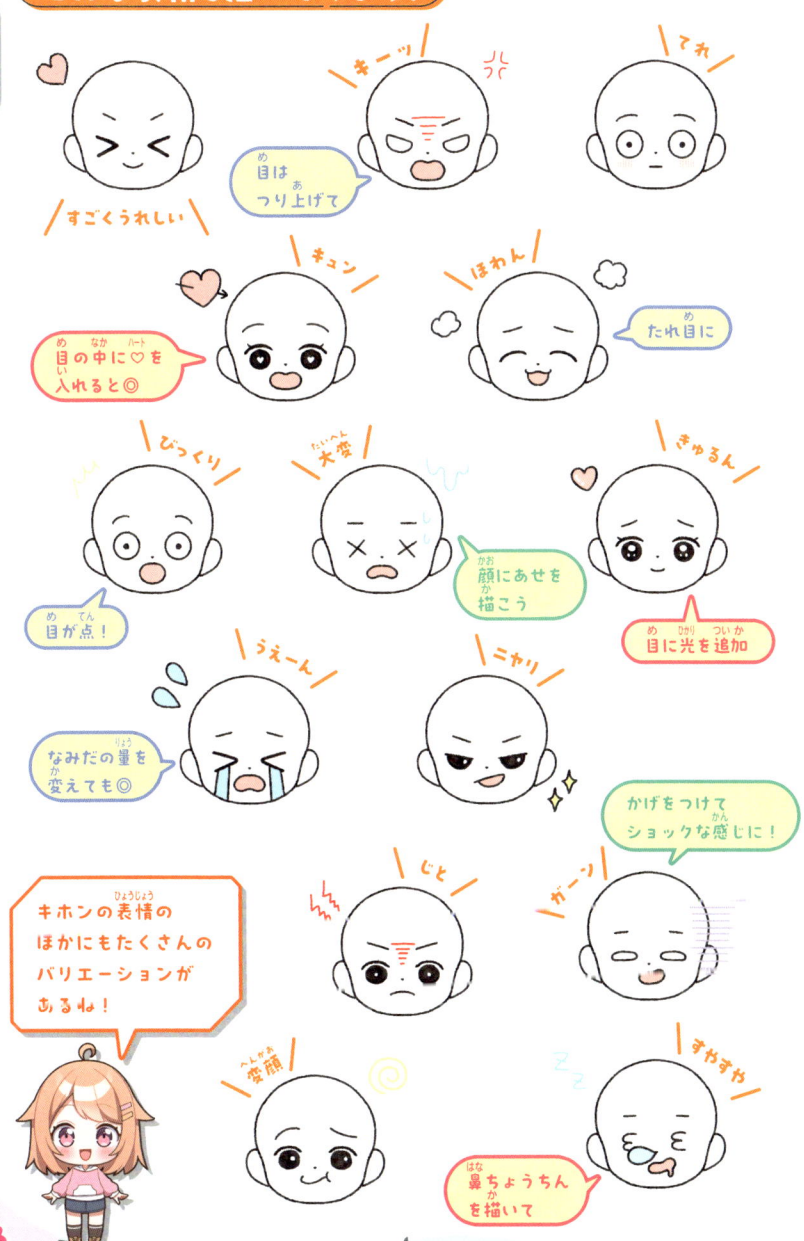

すごくうれしい

キーッ
目は
つり上げて

てれ

キュン
目の中に♡を
入れると◎

ほわん
たれ目に

びっくり
目が点!

大変
顔にあせを
描こう

きゅるん
目に光を追加

うえーん
なみだの量を
変えても◎

ニヤリ

かげをつけて
ショックな感じに!

キホンの表情の
ほかにもたくさんの
バリエーションが
あるね!

じと

ガーン

変顔

すやすや
鼻ちょうちん
を描いて

45

かみの毛を描くときは、前がみからうしろがみの順番で描いていこう。
かみの毛のキホンをマスターしたら、いろいろなヘアスタイルを描いてみてね！

女の子のかみの毛の描きかた

①

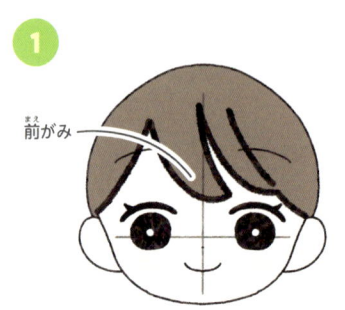

まゆ毛の上から目の少し上あたりまで前がみを描こう。

②

頭のりんかく線よりも少し上から線を引きはじめて、りんかくの形に沿うように上側のかみの毛を描こう。

③ 完成！

うしろがみは、描きたいヘアスタイルに合わせて描いてね。

なぞり描き

マネして描いてみよう！

男の子のかみの毛の描きかたも女の子と同じだ！　上側のかみの毛の毛先を少しハネさせて描くと、動きのあるヘアスタイルにできるぞ！

ヘアスタイルのバリエーションしょうかい

ヘアスタイルの種類はたくさん！　ヘアスタイルによって印象も変わるので、
それぞれのヘアスタイルのとくちょうをおさえて描こう。

ショートヘア

＼ツーブロック／

前がみがおでこにかからないときは
前がみの生えぎわの線を描く

ボブ・セミロング

＼アフロヘア／

前がみを
センター分けに
して大人っぽく

前がみありの
イケメン風に

ロングヘア

ポニーテールの結び目は頭の上から
ちょこっと見えるように

＼ツインテール／

編み目は
アルファベットの
「y」を描くように

全身を描いてみよう！

顔の描きかたがわかったら、次は全身にチャレンジ！
大きさやバランスが大事なので、それぞれのとくちょうをつかむことを意識してね。

からだのつくり

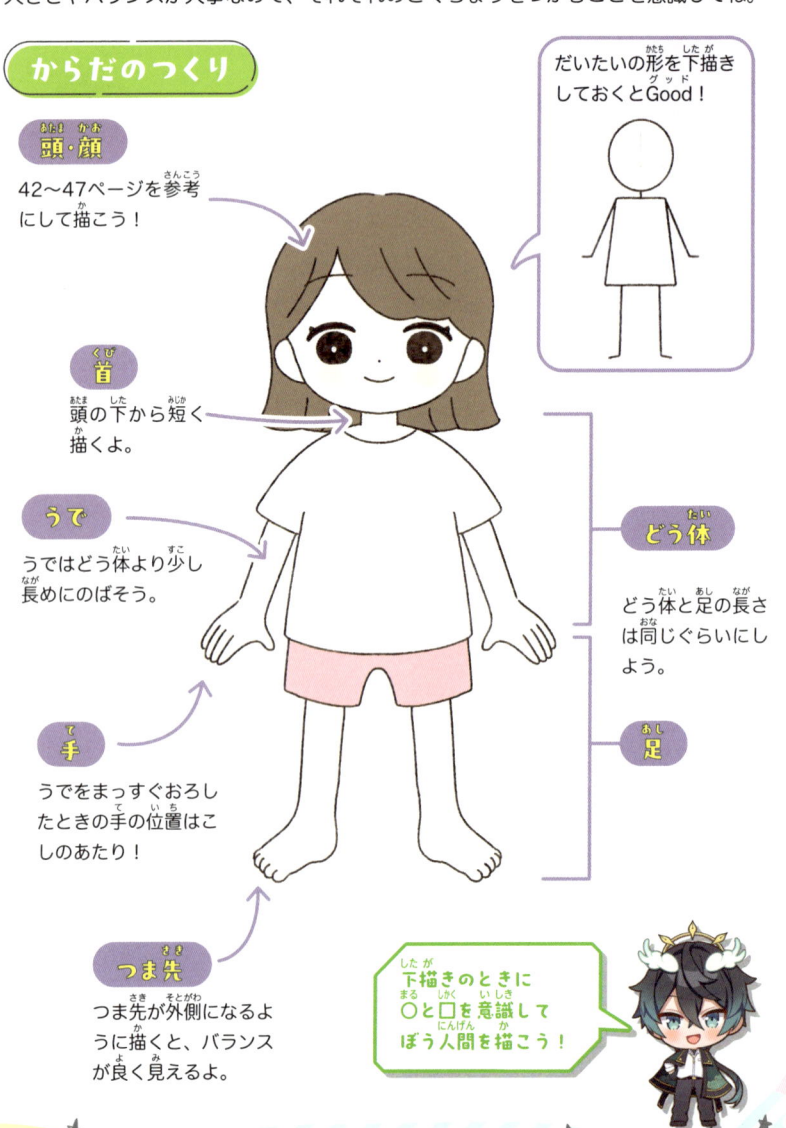

だいたいの形を下描きしておくとGood！

頭・顔
42〜47ページを参考にして描こう！

首
頭の下から短く描くよ。

うで
うではどう体より少し長めにのばそう。

手
うでをまっすぐおろしたときの手の位置はこしのあたり！

つま先
つま先が外側になるように描くと、バランスが良く見えるよ。

どう体
どう体と足の長さは同じぐらいにしよう。

足

下描きのときに〇と□を意識してぼう人間を描こう！

手と足の描きかた

自分の手と足を見ながら描いてみるといいかも！

手

親指

左右の親指の位置に気をつけよう

ポーズ

グー

チョキ

指さし

約束

ハート

足

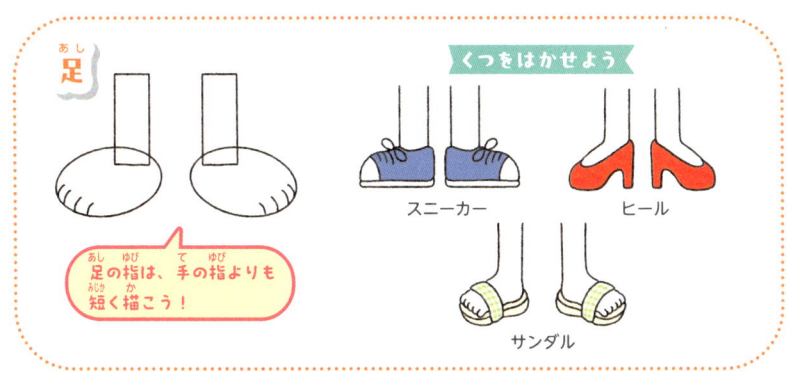

足の指は、手の指よりも短く描こう！

くつをはかせよう

スニーカー

ヒール

サンダル

もっとレベルアップ

上半身に動きをつけたポーズを描いてみよう

うでから手に動きをつけて描くだけでもたくさんの表現ができるよ！　上半身を動かして、いろいろなポーズを描いてみよう。

がんばれ

うーん

やった♪

全身を使ったポーズを描いてみよう！

からだの向きや角度を変えたり、ポーズを変えたりして動きのある人物を描いてみよう。全身を使ったポーズを描くことで、よりはば広い表現ができるよ！

からだに動きをつけてみる

動きを出すときのポイントをしょうかいするよ。
からだのつくり（→p.48）を意識して描いてみよう！

描きたいポーズを
想像して、まずは下描きを
するといいぞ！

手や足を動かす

下描き

こうなる！

ピース

手の形は
ポーズに合わせて
変えよう！

からだの向きを変える

下描き

こうなる！

ジャンプ

パーツの位置に
気をつけよう

どう体を少し曲げる

下描き

こうなる！

のびー

動きがより
自然になる！

ゆるふわ♡イラストで目指せクラスの人気者♪

こんなポーズも描いてみよう！

ぺこり

きゅうけい

動きのあるところに線を足すとGood ✧

ひざを
かかえて

ひざを胸の高さに描くよ

てへっ

ゴロン

ガーン

からだを頭のすぐ横に描いて、ねころんでいるように

ひざを地面につけると落ちこんでいるように見えるよ

急げ

じょん

かみの毛をなびかせても、動きを表現できるね！

足を上げてとんでいるように描こう

世代別にイラストを描き分けよう！

赤ちゃんからおばあちゃん・おじいちゃんまでをイラストで描き分けてみよう。
からだの大きさや、パーツ・アイテムの描きかたを変えて、とくちょうをあらわそう！

赤ちゃん

ちゅぱちゅぱ

★首から下は頭と同じ大きさに！
★顔のパーツはやや下に、頭を大きく描こう。
★目は中心からはなして、鼻と口は小さく描くと赤ちゃんらしい印象に！

ポイントアイテム
・よだれかけ
・おしゃぶり
・ほにゅうびん

小学生

はーい！

★首から下の大きさはだいたい頭2つ分くらい。
★動きのあるポーズにして活発で元気な印象にしよう！

ポイントアイテム
・ランドセル
・紅白ぼうし
・体操服

背の高さを変えると赤ちゃんから大人までを描き分けられるね！

中学～高校生

★首から下の大きさはだいたい頭2.5こ分くらい。

★顔のパーツの大きさは小学生よりも小さく描いて、お兄さん・お姉さんらしい印象に！

ポイントアイテム
・制服
・学生かばん

お母さん・お父さん

★年れいに合わせたヘアスタイルや、しわを描こう。

★仕事などで使うアイテムを持たせてもGood！

ポイントアイテム
・スーツ
・ネクタイ
・エプロン

家

仕事

おばあちゃん・おじいちゃん

★たれ目に描くなどして、落ち着いた印象にしよう。

★目じりや口元にしわを足したり、かみの毛の色を白っぽくしたりしよう！

★身長を少し低めにしてもいいね。

ポイントアイテム
・つえ
・ろうがんきょう（メガネ）

ファッションで印象を変えてみよう!

いろいろな服を着せて、印象を変えよう。組み合わせかたは自由!
自分の好きなファッションを考えて描いてみてね!

制服

制服には、ブレザー(→p.53)やセーラー服などの種類があるよ!

自分がよく着る服を描いてみてもいいな!

オシャレスーツ

カジュアル

上下の色をそろえるとまとまりが出る!

だぼっとした感じがポイント☆

スポーティ

パジャマ

ジャージなどの
動きやすい服に！

ガーリー

レースと
リボンで
あまめの
コーデに♡

シャツコーデ

ニットの
ベストで
オシャレさ
アップ

地雷系

黒や
くすみ
ピンクが
ポイント

もっと
レベルアップ

ファッションアイテムを描いてみよう！

服に＋αでファッ
ションアイテムを
描いてみよう！
アイテムを加える
と、よりさまざま
な印象をもたせる
ことができるよ。

コート

サンダル

カチューシャ

ダウンジャケット

メガネ

ゆるふわ♡イラストで目指せクラスの人気者♪

アイテムと組み合わせて描いてみよう！

アイテムと組み合わせると、人物がもっと魅力的になるよ！　組み合わせるアイテムで、表現のはばも広がるから描きたいシチュエーションに合わせて描いてみてね。

持たせるアイテムを変えるとこんなにちがう！

本

本を読む

はし

ごはん

食事をする

プレゼント

プレゼントをわたす

> アイテムの持ちかたによっても印象が変わりそうだね！

人物とアイテムの組み合わせかた

人物と組み合わせて描くときは、アイテムから描きはじめるのがポイントだよ。

1  アイテムを描く　　**2**  持つ手を描く　　**3**  顔を描く　　**4**  からだを描く

> どんな風に持つかな？

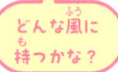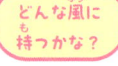

> アイテムの大きさを意識しよう！

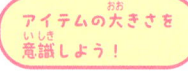

> うでの位置を考えて描こう！

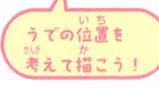

組み合わせやすいアイテムイラストしょうかい

湯気を描くとホットなの飲みものに

カップ

プレゼント

親子で読み聞かせ風に

えんぴつ

うら／表
スマートフォン

本・ノート

かさ

花束

ボール

リコーダー

レインコートや長ぐつとも合わせて雨の日コーデに

かばん

マイク

ぬいぐるみ

剣

表情をアレンジすると上級者々☆

74ページでしょうかいしている食べもののイラストも組み合わせてみてくれ！

動物の描きかた

どんな動物が描けるかなあ

ゆるくてかわいい動物の描きかたをしょうかいするよ。キホンの描きかたを覚えたら、描きたい動物のとくちょうを覚えて描いてみよう！

動物のキホンをマスターしよう！

動物のイラストを描くときは、だいたいの形を決めてから、顔のパーツなど細かい部分を描くといいよ♪

動物の顔の描きかた

例：ウサギ

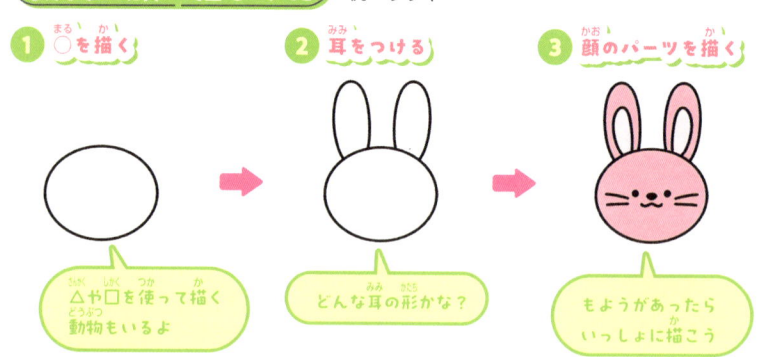

1 ○を描く

△や□を使って描く動物もいるよ

2 耳をつける

どんな耳の形かな？

3 顔のパーツを描く

もようがあったらいっしょに描こう

動物のからだの描きかた

動物のからだを描くときは、キホンの○△□を上手に活用しよう！

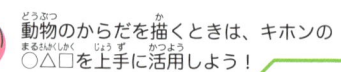

○の形で

ぽてっとかわいく

□の形で

横向きに

△の形で

キャラクター風に

下描きでだいたいの形を決めてから本番の線を描くのがコツだぞ！

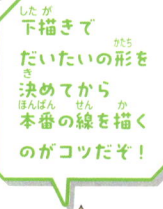

イヌとネコを描いてみよう！

キホンの動物の描きかたを使って、人気のイヌとネコを描いてみよう！

イヌ

顔のパーツは中央に集めて

しばいぬ　　ポメラニアン　　ミニチュアシュナウザー　　ゴールデンレトリバー

もこもこに　　からだを小さく　　からだを長ーく

ビションフリーゼ　　チワワ　　ダックスフンド　　トイプードル

ネコ

足は短く　　色やもようを変えてみて！　　ふさふさの毛がポイント

マンチカン　　アメリカンショートヘア　　サイベリアン　　エキゾチックショートヘア

たれ耳に　　うしろすがたもかわいい♡

三毛ネコ　　スコティッシュフォールド　　黒ネコ

いろいろな動物を描いてみよう！

いろいろな動物の描きかたを順番にしょうかいするよ。
それぞれのとくちょうを覚えて描いてみよう！

クマ

口のまわりを
○で囲もう

ゾウ

鼻を長く

耳は大きく

コアラ

鼻はたてに
大きく

ヒツジ

ぐるぐるの
つの

ハシビロコウ

くちばしは大きな
逆△の形に描こう

足は長いよ

ヒヨコ

はじめはだるまの
ような形に

足は短いよ

HONEY

耳や鼻の形が
動物を描き分けるポイントかも！

トラ

もようや
キバを足そう！

サル

耳は横に
大きくつけよう

鼻の下の線を
のばして描こう！

タヌキ

目のまわりを
囲もう！

リス

耳は上のほうに

しっぽは思いっきり
大きく！

ネズミ

鼻先を
とがらせて！

からだは
小さく描こう

次は海にいる生きものを描いてみよう。水の中でくらす生きものは、顔やからだの形がさまざまなので、とくちょうをつかみながら描いていこう！

さかな

左右をすぼませた
〇と△をキホンにしよう

マンボウ

〇の右側はたてに
まっすぐ引こう！

大きさや色、
もようを変えると
いろいろなさかなに
なるぞ！

クジラ

〇の右下を
すぼませて！

イルカ

顔の中央に山を描いて
口先をあらわそう！

ぷっくり

ぷっしゃー

フグ

○の右側を
すぼませて！

クラゲ

横につぶれた
○を描こう

ぷかぷか

色やもようを
変えてみよう

カニ

目はからだから
とび出して描こう！

大きなハサミが
ついた足2本と、
小さな足が8本
ハいているよ！

タコ

○を組み合わせて

ぶっしゃー

タコの足は
8本だよ！

チンアナゴ

はじめに描いた線の先から
下にまっすぐからだをのばそう！

○の左側だけ
描こう

貝がら

まる と さんかく を
組み合わせて

線をつけて

ペンギン

おなかは
白いよ♪

顔のもようはくちばしを中心に
アルファベットの「M」を描くように!

アザラシ

まゆ毛が
ポイント☆

ぽてっ

ラッコ

貝がらを
持たせよう♡

カメ

まる を 2つ
重ねて描こう

しっぽも
忘れずに!

カワウソ

口元のふくらみが
ポイントだよ!

ヤドカリ

大きなハサミの間に
大きく目を描こう

貝がらは線を
ピラミッドの
ように重ねて！

メンダコ

上側だけ
〇を描こう

足はすごーく
短いよ

ウニ

〇に沿って線を引いて
トゲトゲにしよう！

サカバンバスピス

目はバッチリ！

目と口は横に並べて描こう

ここまで描けたら
ゆるふわイラストの
上級者だな！

チョウチンアンコウ

口を大きく描くと
迫力が出るよ！

ひらめいた！

動物をキャラクター風に描いてみよう!

動物たちに表情や動き、かざりをつけると一気にキャラクター風に!
表情やポーズを変えると、どんな風に変わるか意識してみてね。

表情を変えてみる

顔のパーツを変えるだけで、いろいろな気持ちをあらわすことができるよ!

\ニャハハ/

\にこにこ/

\ぐすん/

目を
つり上げて

\ガオー/

\うとうと/

なみだのしずくを
大きく描こう

\チーン/

毛の動きでより
大きな表現に

\びっくり/

\ニヤリ/

ほっぺを
ふくらませて

\ぷんっ/

\しょんぼり/

かげの線を
長めにすると◎

\キュン/

\ガーン/

変顔

ポーズを変えてみる

表情に合わせてポーズを変えると、より目を引くキャラクターになるよ！

＼うれしい／

＼うーん？／

＼いただきます／

手をあげて
うれしさを表現

＼大好き／

＼ぺこり／

＼おるすばん／

食べものと
いっしょに☆

＼ぴょん／

＼おひるね／

＼もっと速く！／

しっぽもふりふり♡

動いているところに
線を早してみよう！

＼仲良し／

＼ラブラブ／

動きがあると
見ていて楽しい気持ちになるね！

＼ウッキー☆／

動物同士を組み合わせてみよう!

いろいろな種類の動物を組み合わせるとかわいさアップ!

シチュエーションを決めて

話し合い

まんざい

おとぎ話をモチーフにして

からだの大きさの
ちがいを意識しよう

負けないぞ!

大きさや印象のちがう動物たちを合わせて

よいしょ!

動物のかぶりものと合わせて

えへへ

頭にのせて

人といっしょに

手にのせて

ぎゅっとして

アレンジしてオリジナルのキャラを作ろう！

動物にアイテムを足したり、洋服を着せたりするとよりキャラクター感のある
イラストになるよ！

スーツを着せて

サラリーマン

先生

ようちえん生

うちわを持たせて！

こっち見て！

かまって！

推し活

スケートボーダー

天使

悪魔

サングラスでちょいワル風に

エイリアン

決めポーズもばっちり！

戦隊ヒーロー

ちょいワル風

デコパーツの描きかた

ここでしょうかいするデコパーツはキホン中のキホン！
ささっとかんたんに描けちゃうからマスターしておこう。

いろいろなマークを描いてみよう！

ハートや星など、使いやすいマークをしょうかいするよ。
描きたいイメージに合わせてアレンジしてみてね！

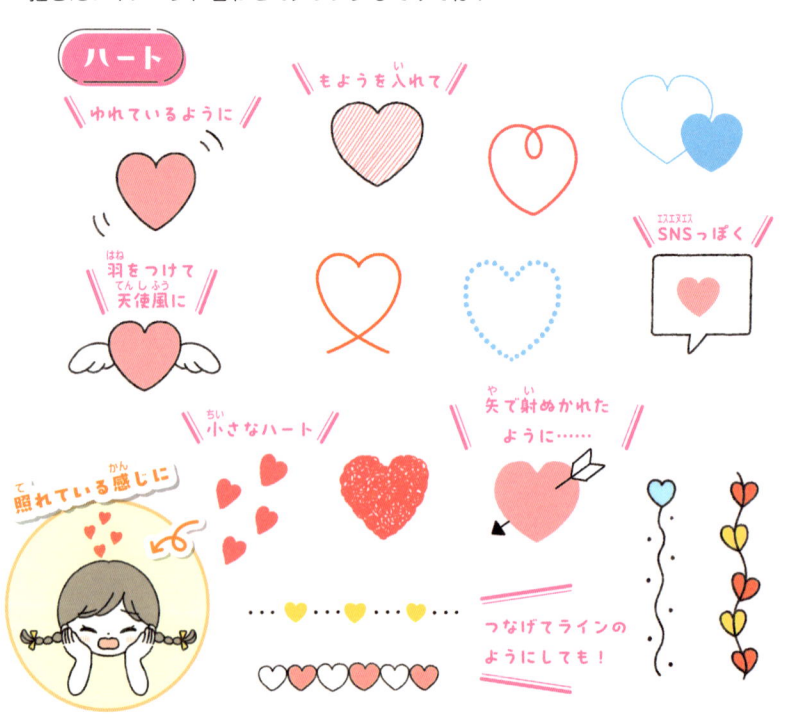

ハート

ゆれているように

もようを入れて

SNSっぽく

羽をつけて天使風に

照れている感じに

小さなハート

矢で射ぬかれたように……

つなげてラインのようにしても！

手紙やノートをかざるときなど、いろいろな場面で使えるぞ！

星・キラキラ

上品なかがやき

流れ星

立体的

線をつけて
かがやきを表現

喜んでいる顔と
いっしょに!

矢印

矢

紙ひこうき

立体的

矢印をたくさん
描いて注目度アップ

指さし

おんぷ

流れるように

おどるように

ほかの音楽記号と
組み合わせて
みてもいいかも♡

ごせんふに
のせて

花まる

真ん中に
メッセージ

すごい

くきを
のばして!

生きものに!

食べものを描いてみよう！

見ていると腹が減ってくるな！

食べもののイラストを種類別にしょうかいするよ。
人物のイラストと組み合わせるときにも使えるかも！

野菜

つやを出して

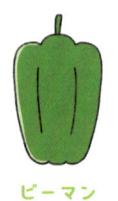

アルファベットの「Y」のような形に

ダイコン　　　トマト　　　ピーマン　　　長ネギ

キャベツ　　ジャガイモ　　タマネギ　　ナス　　ブロッコリー

湯気を描いて焼きイモに

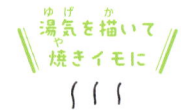

トウモロコシ　　サツマイモ　　エダマメ　　アボカド

きのこ類

シイタケ

エリンギ

野菜キャラクターズ

顔をつけてもかわいいね♡

くだもの

○をいっぱい
つなげよう

イチゴ

サクランボ

ブドウ

バナナ

モモ

リンゴ

レモン

3〜4こ
並べても
かわいい♡

パイナップル

カキ

ブルーベリー

あみ目もように

くだものヒーローズ

ラフランス

メロン

もっと
レベルアップ

キッチン用品と組み合わせて描いてみよう!

キッチン用品と組み合わせることで、よりおいしそうなイラストにすることができるよ。

なべ＋カレー

フライパン
＋目玉焼き

お皿＋フライ返し＋ホットケーキ

まな板＋包丁＋ダイコン

ごはん系

こめ

すし

手帳や日記帳に食べたものの
記録をイラストで残すと
かわいいかも♡

ピザ

カレーライス

パスタ

たこ焼き

オムライス

ハンバーガー

パン

もち

中華まん

ラーメン

季節の食べもの

ぞうに(お正月)

恵方巻(節分)

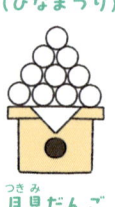

ひしもち
(ひなまつり)

かしわもち
(こどもの日)

時期に合った
イラストを描くと
季節が感じられて
いいな!

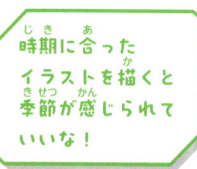

月見だんご
(十五夜)

ローストチキン
(クリスマス)

スイーツ

ホールケーキ

ソフトクリーム

タルトケーキ

マカロン

うおー！
うまそうなスイーツ
がこんなにたくさん

クッキー

チョコレート

1つ欠けさせるのがポイント！

パフェ

ホットケーキ

プリン

イチゴ大福

ロールケーキ

リンゴあめ

わたあめ

飲みもの

しゅわしゅわは〇のつぶで表現！

ジュース

コーヒー

お茶

メロンソーダ

フラペチーノ

ラムネ

タピオカジュース

ココナッツジュース

水玉やストライプなどのベーシックなもように、色を複数使ってぬったり、描き足したりするとぐっとオシャレ度がアップするよ！　イラストや囲みのデザインとして使おう。

もようのアレンジ方法

水玉もようをアレンジ！ 使う色の数：3色

❶水玉を均等に描く　　❷背景をぬる　　❸水玉に花びらを描き足す

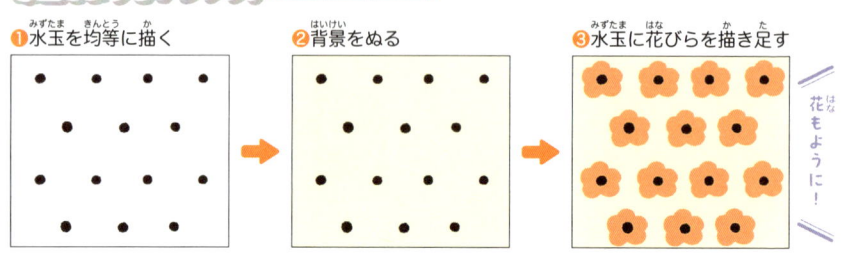

花もように！

ストライプもようをアレンジ！ 使う色の数：2色

❶たて線を太く描く　　❷たてと同じかんかくで横線を引く　　❸十字の重なった部分をこい色でぬる

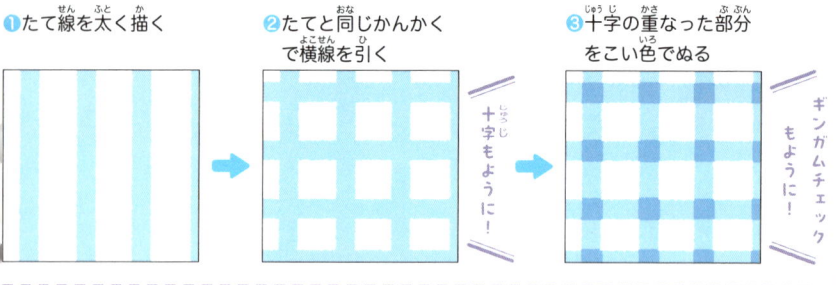

十字もように！

ギンガムチェックもように！

ななめもようをアレンジ！ 使う色の数：2色

❶ななめに線を均等に引く　　❷反対方向からもななめに線を引き、角がとなり合うダイヤをぬる　　❸ペンの色を変えて、ダイヤの中央に十字を描くイメージで線を引く

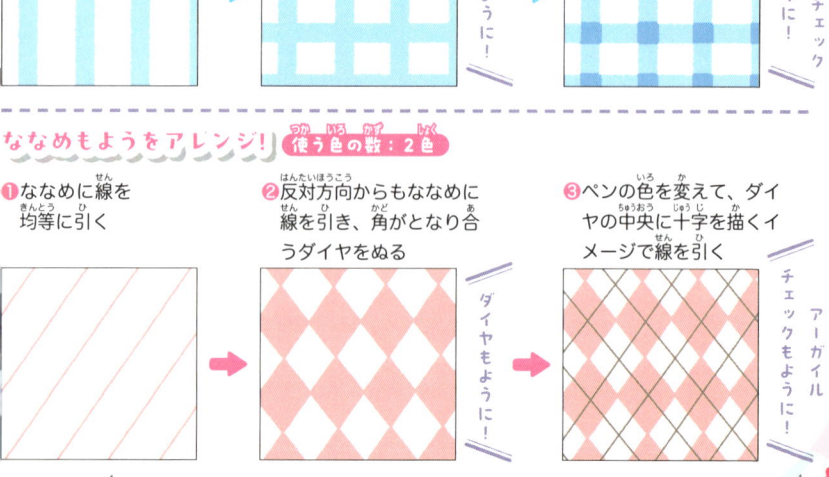

ダイヤもように！

アーガイルチェックもように！

こんなもようも描いてみよう！

ゆるふわ♡イラストで目指せクラスの人気者♪

レインボーストライプ 7色

太さをそろえよう

2色ドット 2色

ドットを重ねて！

レンガ風 3色

ランダム 3色

○△□をカラフルに

2色ボーダー 2色

ストライプミックス 1色

3本ずつの線を交互に

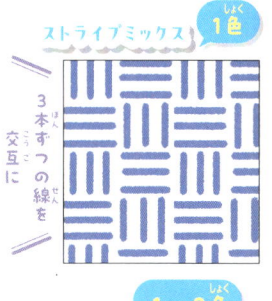

和風 1色　ちょいムズ

リボン 2色

しずく 1〜2色

描きかた

❶たて線　➡ ❷ギザギザ　➡ ❸ぬる

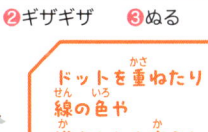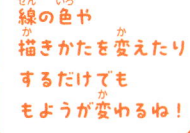

ちょいムズ　**ヒョウ** 3色

描きかた

❶うす茶でぬる

❷茶色でもようを描く

❸こい茶色でふちどる

ドットを重ねたり
線の色や
描きかたを変えたり
するだけでも
もようが変わるね！

今日から使える！
推しかわ♡イラスト使いかたしょうかい

2章までに習ったイラストの使いかたをしょうかいするよ！
今日からマネして作ってみよう♪

使いかた①

ノートの表紙に…

人物やアイテムイラストを
表紙に描いて
オリジナルノートを作ろう！

自由帳

> マスキングテープで
> かわいくかざっても♡

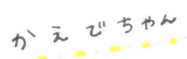
かえでちゃん

このまえは
ノートをかしてくれて
ありがとう〜！
ももより

使いかた②

ちょっとした手紙に…

イラストやマークを使って
かわいくデコろう！

りこちゃん
きのうおうちで
クッキーをつくったよ

たべてね！

> メッセージの内容に
> 合ったイラストを描こう！

使いかた③

しおりに…

厚めの紙にイラストを描いて
しおりを作ろう。
リボンを結ぶのもおすすめ！

ラミネート加工で
じょうぶにしても
Good!

使いかた④

シールに…

家にあるものを使って、
自分で描いたキャラクターを
シールにしよう！
好きなところにはって
楽しめるよ✨

❶クッキングシートの上に、
はばの広いとうめいな
テープをはる

❷描いたイラストをテープ
の上にのせて、もう一度
同じテープを重ねてはる

❸イラストに合わせて切り
取る。下のシートだけを
はがしたらシールの完成

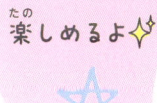

いつも使うものに、自分の描いた
イラストがあると特別な感じがするね！

友だちへのプレゼントにもいいかもな！

教えて！ イラストレーターさん！②

イラストを描くことをお仕事にしているイラストレーターさんに
あれこれをきいてみたよ！

Q イラストがうまくなるためにどんな練習をしましたか？
また、イラストを描いているときに意識していることはなんですか？

A 円と線を描く！

フリーハンドで円と線をきれいに描く練習をたくさんしました！ イラストを描くときは、描きはじめたら納得するまで描き直して完成させることを意識しています。

Uka先生

A 苦手なポーズを描く

苦手だなと思うポーズや部位を練習しました。得意なポーズばかり描くと練習にならないので、苦手なところを積極的に練習してみましょう！

den先生

A いろいろな構図を描く

決まったポーズだけではなく、いろいろなポーズを描くことを意識しました。描ける構図が増えるとイラストのはばが広がり、描くのが楽しくなります。

ぬここ先生

A 楽しく続けること

「練習」と思うとつらく感じてしまうので、続けられる楽しい方法を探しました。「楽しい」という感覚を忘れないように心がけています。

ばななふぃっしゅ先生

イラストの上達には、コツコツ練習するのが一番の近道ってことだね！ 私もがんばって練習するぞー！

ほう…宿題か…

オレは少し休ませてもらおうか

関心…！関心関心…！

ひ〜っ

ふぁぁぁ…

ふよ〜〜っ

なんだか少しねむくなってきたな…

かくっ…

でもたしかにそうかも…

自分でも読みづらいなって思うんだよね…

どうしたら読みやすくなる？

絵のことならまだしも文字のことまでオレに教わるつもりか？

翡翠様！お願い教えて！

今何かとっておきのおやつを持ってくるから

そそうか

しかたない！特別に教えてやってもいいぞ

それ特売の大ぶくろ入りのチョコなんだけど…

チョロい神様♪

レッスン1　文字の書きかた

ノートや手紙を書くときの参考にしようっと！

イラストだけでなく、文字も書きかたによって印象が変わるよ。
かわいい文字、大人っぽい文字……。いろいろな書きかたを身につけよう！

かわいい文字をマスターしよう！

 **ポイント**
❶ ○の形をイメージして書こう！
❷ ハネる、はらうところはひかえめに！

ひらがな

○を意識してしっかりとめる

あ い う え お　　か き く け こ

角にまるみをつけて

さ し す せ そ　　た ち つ て と

1画目は短めに！　　くるっと！

な に ぬ ね の　　は ひ ふ へ ほ

はばを同じくらいに

ま み む め も　　や　ゆ　よ

ら り る れ ろ　　わ　を　ん

内側にカーブ！　　高さをそろえて　　まる〜くかわいく！

90

カタカナ

少し右上がりに！

しっかりとめよう

2画目を短めに！

くるっと！

なるべく左右対称にすると◎

正方形をイメージ！

アイウエオ　カキクケコ
サシスセソ　タチツテト
ナニヌネノ　ハヒフヘホ
マミムメモ　ヤ　ユ　ヨ
ラリルレロ　ワ　ヲ　ン

アルファベット

〇が入るように

1画で書くとかわいい♡

下は少しせまく

上のカーブはまるく大きく！

A B C D E F G H I
J K L M N O P Q R
S T U V W X Y Z

この文字を使ってみると……

ありがとう☺　ゴメンナサイ🎵　HAPPY☆
よろしくね❀　キュン😋　LOVE
ぴえん…　ラブラブ❣　FIGHT

文字の大きさや間隔をそろえるときれいだぞ！

3章

ノートや手帳をオシャレにまとめちゃお♡

ポイント
1. ななめを意識して書こう！
2. 線の長さは長短の変化をつけよう！

> ペンを持つ手に力を入れすぎずに
> 流れるような線を書くといいぞ！

> シュッとしていてステキ！
> 私も練習して書けるようになるぞ～！

ひらがな

> 最後のはらいは少し長く！

> 2画目を長めに！

あ　い　う　え　お　　か　き　く　け　こ

さ　し　す　せ　そ　　た　ち　つ　て　と

> 2画目をたて長に！

な　に　ぬ　ね　の　　は　ひ　ふ　へ　ほ

ま　み　む　め　も　　や　　ゆ　　よ

> 1画で書くと◎

ら　り　る　れ　ろ　　わ　　を　　ん

> 下にサッと
> のばそう

カタカナ

角を意識して書いてみよう！

アイウエオ　カキクケコ

2画目を短めに書くとGood！

サシスセソ　タチツテト

ナニヌネノ　ハヒフヘホ

マミムメモ　ヤ　ユ　ヨ

たてにスッと引こう

ラリルレロ　ワ　ヲ　ン

ななめにまっすぐ！

アルファベット

たて長を意識して書いてみよう！

A B C D E F G H I

横線はつきぬけて！

カーブが大事！

くるんと

J K L M N O P Q R

カクッとさせよう

S T U V W X Y Z

この文字を使ってみると……

おめでとう！　　ファイト♡　　KAWAII♡

なかよし♪　　オッケー!!　　BEST FRIEND♡

おはよう☀　　ナイス☺　　THANK YOU☆

線の長さに変化をつけるとオシャレだな！

アルファベットを筆記体風に書いてみよう!

アルファベットの線をつなげて書く書体を「筆記体」というよ。
ポイントをおさえて、書けるようになればオシャレ文字の上級者!

 ポイント
❶ 文字のかたむき具合をそろえよう!
❷ 点や横線は最後に書こう!

 大文字

A B C D E F G H I

J K L M N O P Q R

S T U V W X Y Z

なぞってみよう!

A B C D E F G H I

J K L M N O P Q R

S T U V W X Y Z

ABCDEFGHIJKLMNOPQRSTUVWXYZ

小文字

・は最後に書く！

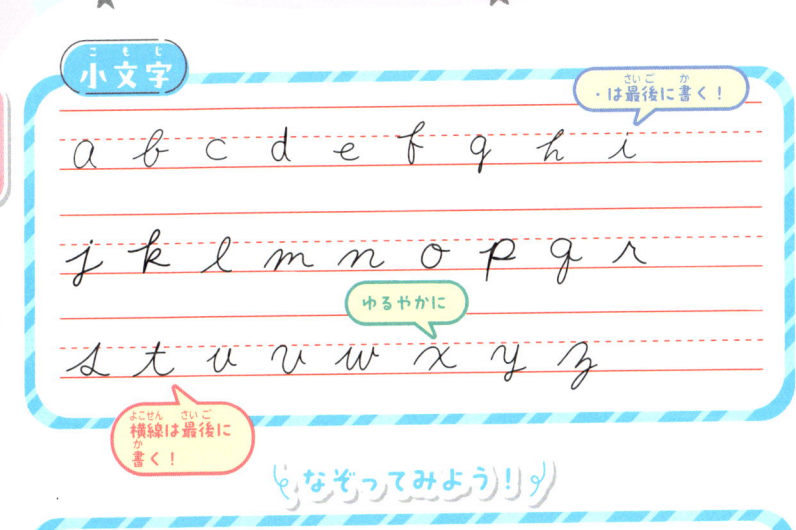

ゆるやかに

横線は最後に書く！

なぞってみよう！♪

この文字を使ってみると……

ほかにも

お礼を伝えるときに
Thank you
(Thank you) ありがとう

たん生日のおいわいに
Happy Birthday
(Happy Birthday) おたん生日おめでとう

クリスマスのカードに
Merry Christmas
(Merry Christmas) メリークリスマス

Love (Love) 愛

Hello (Hello) こんにちけ

Dear (Dear) (手紙に) ～さんへ

For You (For You) あなたへ

数字の書きかたをマスターしよう!

文字のイメージに合わせて、数字の書きかたも変えてみよう!

かわいい数字の書きかた

ポイント まるみをつけて書こう!

> 0 1 2 3 4 5 6 7 8 9

この数字を使ってみると……

100点 　 50% 　 4ねん 1くみ

12がつ25にち 　 3時17分

大人っぽい数字の書きかた

ポイント 少しななめに書こう!

> 0 1 2 3 4 5 6 7 8 9

この数字を使ってみると……

100点 　 50% 　 4年1組

12/25 　 3:17

高さをそろえる 123 ↕

かたむきをそろえる 123 ↘

数字を並べて書くときは、高さとかたむきをそろえるときれいだぞ!

キホンの記号を覚えよう!

言葉のあとや間に記号を入れると、読みやすくなったり気持ちが伝わりやすくなったりするよ。どんな記号があるか見てみよう!

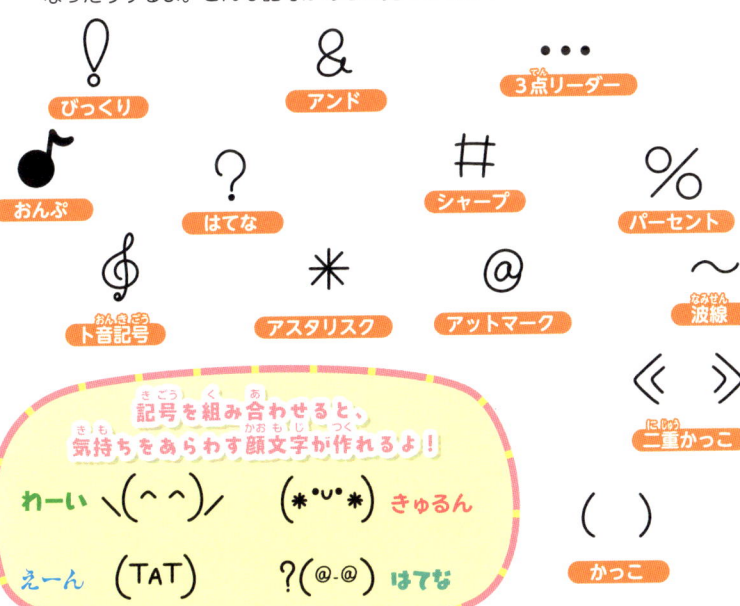

記号を組み合わせると、気持ちをあらわす顔文字が作れるよ!

わーい ＼(^^)／　　(*°∪°*) きゅるん

えーん (TAT)　　?(@-@) はてな

もっとレベルアップ

ハングルを使っちゃおう!

韓国で使われている文字を「ハングル」というよ。ノートや手紙に書いてみるとイマドキ風に❖

너무좋아해 ノムチョアヘ (大好き)

고마워 コマウォ (ありがとう)

귀여워 クィヨウォ (かわいい)

베프 ベプ (ベストフレンド)

힘내 ヒムネ (がんばれ)

文字をカラフルにかざろう！

文字をさらにアレンジして、かわいく書く方法をしょうかいするよ。
ポイントを覚えたら、たくさん書いてみよう！

書くときのポイント

➊ えんぴつなどのうすい線で下書きをする。

➋ 本番用のペンで文字を書く。

➌ かざりを書き足す。

文字のまわりをふちどる！

ありがとう　ぴえん

ラッキー

かげをつけるときは「ふちの右側」など、かげをつける位置を決めておこう

線の先をアレンジ！

たのしい　ワクワク

もえもえ

文字をふちどって中にもようを書く！

HAPPY　えーん

きゅるん　ナイショ

WELCOME

一部だけ太さや形を変えても☆

イラストを中に描いても♡

1文字ずつ囲んで！

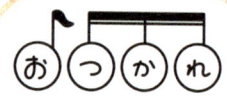

中のもようをカラフルに！

一部だけ色を変えて♪

cute
あいしてる
おやすみ

イラストを描き足して☆

目立たせたいところに色をしいて！

アレンジいろいろ

Hot 123
Cool すき

かげの色を変えてみると……

YES
かなしい
3:00

もっと レベルアップ

とび出す文字にチャレンジしよう！

紙からとび出すような文字を書くと、迫力を出すことができるよ。書きかたを覚えて書いてみよう！

❶文字を書いてから、とび出しはじめるところに印をつけよう。

❷文字の角から印に向かって、まっすぐ線を引こう。

❸引いた線の間に細かく線を描き足そう。

自分のサインを作ってみよう！

しょうかいした文字やイラストの描きかたを使って、オリジナルのサインを作ろう！

どんなサインにしたいか考えよう

まずは自分が作りたいサインのイメージを決めよう。
メモなどに書き出してみると、理想のサインのイメージがしやすくなるよ。

- かわいく
- マークを入れる
- 好きなもののイラストを入れる
- オシャレに
- シンプルに
- 自分の名前をあらわすモチーフを入れる
- カラフルに
- ひらがなで
- 漢字で
- アルファベットで

私はアルファベットにしよう！ 好きな動物のイラストも入れて、かわいいサインを作りたいな！

いろいろなサインを見てみよう

シンプルでかわいく

咲良

あるな
はるな

文字同士をつなげて！

TAICHI
TAICHI（たいち）

シンプルでオシャレに

伊藤美月
伊藤美月

こにしゆな

HANA
HANA（はな）

はじめとおわりを長くのばして！

Fujita Kento
Fujita Kento（ふじた けんと）

レッスン 2 ノートの書きかた

ノートを
きれいに
書けると
楽しそう～！

文字の書きかたを覚えたら、次は文章などをきれいにまとめる方法を身につけよう！　きれいに書くポイントがわかったら、自分のノートや手帳などに書いてみてね。

ノートをきれいにまとめよう！

いつものノートと、きれいにまとめるポイントをおさえて書いたノートを比べて見てみよう！

真白のノート

♡体積を求めよう♡

♡直方体　　♡立方体

ポイント　直方体・立方体のかさは、1辺1cmの立方体が何個分かであらわす。

$3 \times 4 \times 3 = 36cm^3$　　$3 \times 3 \times 3 = 27cm^3$

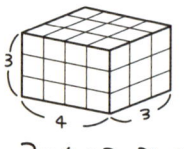 まとめ　体積を求める式

直方体＝たて×横×高さ

立方体＝1辺×1辺×1辺

 立方体は1辺の長さがわかればOK

おしい！

イラストを描きすぎると、大事なところを見のがしてしまうことも。

イラストはともかく
文字の大きさがばらばらだな……。
行の頭もまったく
そろっていないぞ！

おしい！

はじめに大きく書きすぎてしまうと、スペースが足りなくなって文字がだんだん小さくなっちゃう！

きれいにまとめたノートの例

POINT

大事なところや、目立たせたいところは大きな文字で。そのほかは大きさをそろえよう!

タイトルには囲みをつけるとすっきりして見やすい!

同じまとまりの文章や比べたい図などがあるときは、高さや行の頭の位置をそろえて書こう!

アイコンを入れるとひと目でわかる!

重要なところはマーカーを引くと◎

文字を囲むとまとまりが出てわかりやすい!

キャラクターのイラストでポイントを入れても!

体積を求めよう

直方体　　　　立方体

☆ポイント

直方体・立方体のかさは、1辺1cmの立方体が何こ分かであらわす。

3 × 4 × 3 = 36cm³　　　3 × 3 × 3 = 27cm³

まとめ　体積を求める式

・直方体　＝　たて × 横 × 高さ
・立方体　＝　1辺 × 1辺 × 1辺

立方体は1辺の長さで計算できる

わあー!
とっても見やすくなった!

同じ内容でも、まとめかたを変えるとノートが見やすくなるな!　次のページからはまとめるときのポイントをしょうかいするぞ

ポイントになる文字を目立たせよう!

文章の中でポイントになる文字を目立たせると、メリハリが出て見やすくなるよ!

文字の色を変える

ここが ポイント!

赤色にすると目立ちやすい!

どこが大事なところか考えるから復習にもなるな!

文字の大ききを変える

ここが ポイント!

文字の太さを変える

ここが ポイント!

文字の下に線を引く

ここが ポイント!

ここが ポイント!

線の本数で重要度を変えても!

ここが ポイント!

ここが ポイント!

ここが ポイント!

植物っぽくオシャレに!

ここが ポイント!

マーカーを使って!

ここが ポイント!

1文字ずつがより目立つ!

ここが ポイント!

ここが ポイント!

ここが ポイント!

26ページから29ページでしょうかいしたペンを使って書いてもいいね♡

囲みのデザインを工夫しよう!

言葉や文章に囲みをつけると、内容が頭に入りやすくなるよ。

まとめ

ポイント!

＼ リボンの形に ／

もくじ

＼ 線を重ねて ／

あらすじ

テストに出る!!

＼ メモ風に ／

例題

まとめ

＼ 角をアレンジ ／

問題

＼ イラストで囲んでも♡ ／

結果

＼ ネコに! ／

実験

問題2

memo

文字を書いてから囲みの線を引くと文字がきれいにおさまるぞ

アイコンを描こう！

うーん……。
どんなアイコンに
しようかな

アイコンを活用すると、どんな内容が書かれて
いるのかわかりやすくなるよ。

大事・まとめ

問題・宿題

気づき・ポイント

OK

教科

国語　理科　社会　ABC

算数　英語

126ページのミニイラストもいっしょに使えるぞ！

イラストを使ってもっとわかりやすくしよう!

内容に合わせてイラストを入れると、もっとわかりやすくなるよ。
教科ごとにイラストの使いかたを考えて描いてみよう!

国語

登場人物をまとめて
わかりやすく!

主人公

算数

問題文をイラストにして
イメージしやすく!

$x = xx$ ○か $x = x×$

○km

理科

変化をあらわして、ひと目で理解!

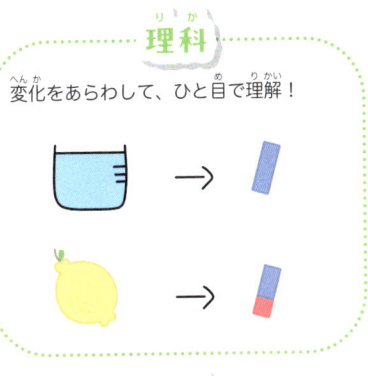

社会

内容に合ったイラストを
描いて印象づける!

日本地図を描いたり

札幌

歴史上の人物を
描いたり

英語

イラストと英語をセットにして
覚えやすく!

good Check☑

NG

OK! Test NICE

> イラストを入れすぎると
> わかりにくくなることも
> あるから気をつけろ!
> 「わかりやすくするための
> イラスト」だからな

スケジュール帳の書きかた

スケジュール帳は、日々の予定や活動を書いて管理できる便利なアイテムだよ。スケジュール帳の書きかたやアレンジする方法を知って、楽しく活用しよう！

自分に合ったスケジュール帳を選ぼう！

スケジュール帳は大きく分けて2つのタイプがあるよ。とくちょうやちがいを見て、自分に合ったスケジュール帳を選ぼう！

マンスリー手帳

見開きで1か月のカレンダーになっているよ。ひと目でその月をふり返ることができる！

アイコンを使うと予定がわかりやすい！

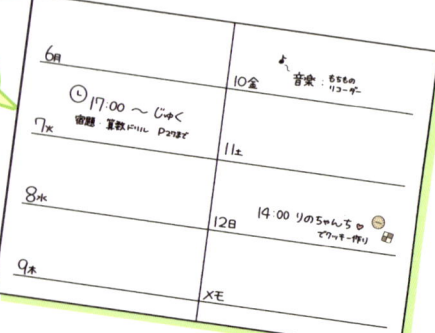

その日の予定を細かく書きこめる！

ウィークリー手帳

見開きで1週間のカレンダーになっているよ。1日のスペースが広いからたくさん書ける！

私はその日の予定を忘れないように細かく書きたいからウィークリー手帳にしようかな☆

アイコンを活用しよう!

その日のスケジュールに合ったアイコンを描きこむと、内容がわかりやすくなったり、スケジュール帳をかわいくアレンジできたりするよ!

キホン	重要	しめ切り	予定	時間	午前	午後
天気	晴れ	雨	くもり	雪	かみなり	強風
やること	買いもの	病院	歯医者	美容院	宿題	お手伝い
習いごと	ピアノ	じゅく	野球	水泳	英会話	習字
イベント	たん生日	デート	おこづかい	ごはん	カフェ	パーティー
	旅行	カラオケ	映画	ライブ	テスト	おとまり
クラブ	イラスト	音楽	コンピューター	科学	バドミントン	サッカー

いろいろなスケジュール帳の使いかたを知ろう!

スケジュール帳は、予定を書くだけのものじゃない!
いろいろな使いかたの例を見て、自分に合った楽しみかたを探してみてね。

その日の気分を記録

1日のおわりに、表情のアイコンで「今日の気分」を描いてみよう。自分自身の気分や体調をくわしく知るきっかけになるかも!

悪い
ふつう
良い

楽しかった日は
元気な顔のマークに!

4	5	6
	○17:00〜 ピアノ	ママと お買いもの
11 みのりちゃん たん生日 パーティ	12 ピアノ	13

その日のファッションをイラストで記録

2 tue
今日から
春服に
ころもがえ!
ポカポカ
気持ちいい
ピンク お気に入り♪

3 wed
今日は少し
さむい気温
明日の
お花見は
あったかいと
いいな♡
ニットの カーディガン 大活やく!

4 thu
ゆずはちゃんと
お花見🌸
晴れて良かった!
ゆずはちゃんの
作ってくれた
お弁当サイコー!!

その日、自分が着ていた服やかみがたをイラストにして記録しよう!
次の日のコーディネートを考えるのが楽しみになるね。

イラストと
いっしょに
記録すると
見返すのも
楽しくなるな!

まわりにアイテムも
描いてにぎやかに!

やること・目標リストといっしょに

カレンダーの横などに、その月や週のやること・目標リストを書いて、できたらチェックを入れよう！
スケジュール帳を開くたびにやるべきことが意識しやすくなるね。

> 勉強時間をプラスして見える化しよう！

4月

今月の目標

- ♥ ピアノの練習 毎日30分♪
- ♥ 水泳 Aクラス合格する!!
- ♥ 宿題 漢字練習 (30分)

	sun
	5
	12
	19

★今週のやること★

- □ 本を返す
- □ おばーちゃんの たん生日お祝い

1日のタイムスケジュールを管理

1日の流れをまとめたタイムスケジュールを作ってみよう！
いつ何をするかがわかると、やる気もアップするかも!?

> 私もやってみようっと♪

> やることを具体的に書くと、読み返したときに思い出しやすい！

18 Sat

7:00	
8:00	
9:00	ココアのさんぽ
10:00	
11:00	
12:00	
13:00	◯いちゃんと
14:00	ショッピングモールへ
15:00	おでかけ
16:00	
17:00	
18:00	宿題・算数ドリル
17:00	

推し活の記録に

自分の好きなこと、興味のあるものの予定やできごとを記録しよう！
推しのイラストやメンバーカラーを使いながらデコれば、推し活がもっと楽しくなるよ♡

日	月	火	水
	1 グッズ 発売日	2	3 ◯20:00 TVアイドル クラブ
7 ♡ あくしゅ会 ◯15:00	8 ◯19:00 TV「ミュージックルーム」	9 コラボカフェ スタート → 9/7まで	10 ◯20:00 TVアイドル クラブ
14 コンサート	15	16	17 ◯20:00 TVアイドル クラブ

日記帳の書きかた

私に合うスタイルってどれだろう？

日記帳は、日々のできごとや自分の気持ち、考えたことなどを記録するもの。大事な思い出を残したり、気持ちや考えを整理したりできるよ。書きかたやポイントを覚えて、自分だけの日記帳を作ってみよう！

自分に合った日記スタイルを見つけよう！

1日1ページスタイル

ノートの1ページに、1日の日記を書くスタイル。スペースが広いからイラストを大きく入れたり、写真をはったりもできるよ。

こんな人におすすめ！
- ★ たくさんの思い出を記録に残したい！
- ★ その日のことをゆっくりふり返る時間を大事にしたい

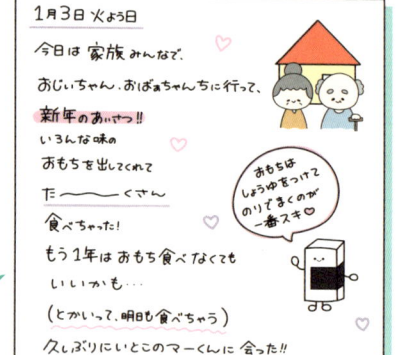

1月3日 火よう日

今日は家族みんなで、
おじいちゃん、おばあちゃんちに行って、
新年のあいさつ!!
いろんな味の
おもちを出してくれて
た————くさん
食べちゃった!
もう1年はおもち食べなくても
いいかも…
(とかいって、明日も食べちゃう)
久しぶりにいとこのマーくんに会った!!
お年玉もらえてうれしー！大事に使おっと!

おもちはしょうゆをつけてのりでまくのが一番スキ♡

8日(日)　1日中家でゴロゴロしてたらお母さんにおこられたーぁ😣

9日(月)　今日の体育はドッジボール！山本くんがスーパープレーで連続で当ててた！かっこいい♡

10日(火)　漢字の小テストがあるのわすれてた！前に自習でやったところだったからギリわかってよかった。

1日数行スタイル

その日のできごとや気持ちを数行で記録するスタイル。1行の日があっても、もちろんOK！

こんな人におすすめ！
- ★ ゆっくり書く時間がない！
- ★ その日のできごとはしっかり記録しておきたい！

特別な日だけ♡スタイル

「今日のことは日記に残しておきたい！」という日だけ書くスタイル。書きたいときに書きたい文量で書ける！ 推し活や読書の記録として書くのもいいね。

こんな人におすすめ！
★ 毎日書くのは大変💦
★ 趣味や友だちとの特別な思い出を残したい！

楽しかった日や特別な日は書きたいことも増えるよね！

10月14日(月)

今日は運動会当日！

今日のおもしろポイントは なんといっても

もえとの二人三脚‼

結果はなんと ビリ

足がそろわなくて何度もころんだが…

めっちゃ笑って楽しかった‼

白組優勝

10月27日(日)

家族で「明日のルル」の映画を観た‼

ルルが最後に消えちゃうところで涙😢

となりのパパは大号泣だった

スケジュール帳といっしょに！ スタイル

予定を書いたスケジュール帳に日記を書くスタイル。ひとことやふたことでまとめるから、かんたんで続けやすい！ スケジュールの管理をいっしょにできるのもポイントだよ。

こんな人におすすめ！
★ 毎日続けられるか不安……。
★ その日の予定といっしょに管理したい！

木	金	土
1 イラストクラブ🎨 新しいイラストを描きはじめた‼	2 ♡ 今日の給食はあげパン‼ 私の大大大大大好物😊	3 かなちゃんとプール 11:00集合 流れるプールにずっといた(笑)帰りのアイスうま♪
8 イラストクラブ🎨 イラスト苦戦中…。全然ペンが進まない	9 小テスト英語📝 放課後かなちゃんとおしゃべり。たのしかったー♡	10 ☂ 雨で1日中おうちでイラスト活動‼ ゆったりした日だったな

予定は上に、日記は下に書くなど、書く位置をだいたい決めておくとGood！

日記を楽しく続けるポイントを知ろう！

日記を続けるためには「楽しく書く」ことがとっても大事！
楽しく書くための、考えかたやポイントをしょうかいするよ。

書く内容を決めておく！

その日のうれしかったことや楽しかったこと、くやしかったことや失敗したこと、明日の目標など……。書く内容を決めておくと書きやすいよ！

その日のことを全部書こうとすると長くなっちゃって、いつも途中でつかれちゃうんだよね……

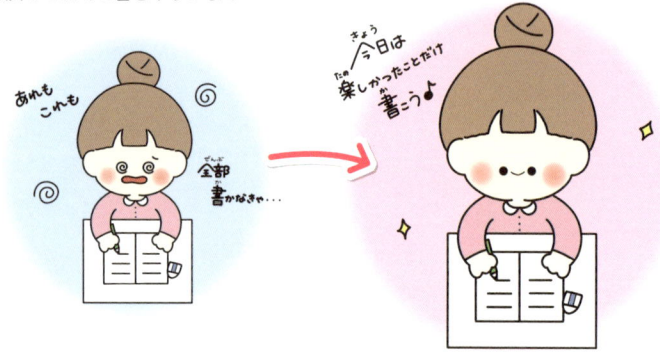

あれもこれも全部書かなきゃ…

今日は楽しかったことだけ書こう♪

書かない日があってもだいじょうぶ！

ねむくてぼんやりしたり、体調が良くなかったりする日は、頭の中を整理して日記を書くのが難しくなっちゃうよね。そんなときは無理せずに、休んでOK！　自分のペースで書いていいんだよ。

いそがしい

書きたいことがない

つかれている

休むことだって大事なんだぞ

文章だけじゃなくていい！

イラストや写真、映画の半券などもその日の思い出の1つ。日記に描いたりはったりしよう。

友だちとの交かんノートの参考にもなるな〜♡

シールやマスキングテープでかざりつけても楽しい！

毎日決まった形式で書くのもいいが、楽しく書くことが一番！
自分なりのやりかたで日記を書いていいんだぞ

もっとレベルアップ　マインドマップで心の整理をしよう！

イラストを描いても楽しい！

マインドマップは、テーマについて頭に思いうかんだことを紙に書いて図にしたもの。自分の考えを整理したり、新しいアイデアを考えたりするときに便利！
「今日の自分」でマインドマップを作って、その日やったことや思ったり感じたりしたことなどをふり返ってみよう。

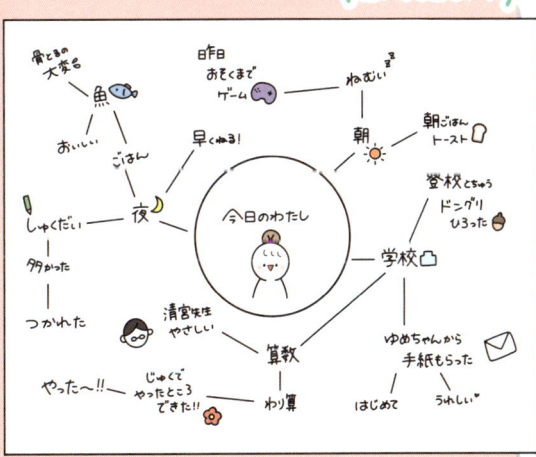

自分の好きなことを1冊にまとめた趣味・イベントノートを作ってみよう。
好きなことを描いて形にすることで、趣味やイベントがもっと楽しくなるよ！

書きたいテーマを決めよう！

ノートにまとめたいテーマを決めよう。
テーマによって書きかたをアレンジすると、見やすくてステキなノートになるよ！

旅行ノート

旅行に行ったときの思い出を書こう！
文字だけの記録ではなく、旅行で見たり食べたりしたもののイラストや
記念スタンプ、写真などもはると、思い出をより鮮明に残すことができるよ。

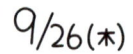

9/26(木)

秋の遠足 in 紅葉の森公園

ママが作ってくれた
お弁当

ゆづちゃんと同じ柄

今日はまちにまった
遠足の日！同じ
学年のみんなでバスに
乗って出かけたよ！
紅葉の森公園はすご――く広くて
歩くの大変だった ≧≦ 公園内の
動物園にいったらとっても大きな
キリンがいたの！ 私の身長の4倍
くらいあるんだって！こんなに大きいんだね！

9:30 バスに乗る
10:30 公園につく
〜 ハイキング
11:30 お弁当
12:30 動物園へ
14:00 バスに乗る
15:00 学校につく!!

ZOO
動物園

1日つかれたけど
楽しかったな♡

イラストや写真など、スペースを広く使うものの配置を決めてから細かい文字を書くとバランス良く書ける！

見たものや食べたものをイラストで残そう！

その日のタイムスケジュールを書いておくとGood！

読書ノート

読んだ本の情報や、感想の記録を残そう。これまで読んだ本をまとめると、見返したときに達成感も得られるかも！

> かんたんにあらすじをまとめておくと
> どんな内容だったか思い出せる！

食べものの記録ノート

おいしかったものや、印象に残った食べものを記録しよう！

読んだ日　××××年7月2日

タイトル 3頭のゾウ〜ママをすくえ〜

作者 ぞう山ぞう子

あらすじ
3頭のゾウの兄弟「エレ」「ファン」「トー」はとても家族思いの優しい子たち。ある日悪いオオカミがあらわれて、兄弟たちのママが山からいなくなる。ママをすくうため兄弟たちは冒険に出る…！

感想
オオカミをたおすときの大わざ「トルネードポンプ」で協力する3頭がかっこよかった。ママと再会できた場面はとっても泣けた♡

おもしろかった度 ★★★★☆

9.8(木)

ハンバーグ

お父さんといっしょにハンバーグづくり‼
肉をこねたり丸めたりするのが難しかった
ジューシーでとってもおいしかった♡

→ デミグラスソース

> イラストを描いたり
> 写真をはったりして、
> 見て楽しい食べものの記録に！

> 74ページから
> 77ページで
> しょうかいしている
> 食べものの
> イラストも
> 使えそうだね！

もっとレベルアップ　自分のおこづかいノートを作ろう！

日	ことがら	入金	出金	残金	メモ
7/1	ママのお手伝い	50		450	血洗い
7/2	おかし		150	300	だちゃんとだがしパーティ

7月

お金を使った日やもらった日、金額などを1冊のノートにまとめよう。見返すと、何にどのくらいお金を使ったか確認することができるよ！

> やったことをひとこと記録しておくと
> 見返すのも楽しい！

3章 ノートや手帳をオシャレにまとめちゃお♡

スタンプノート

外出先で見つけたスタンプなどをノートにおいて記録しよう。日記のように、その日行った場所の思い出が残せるよ!

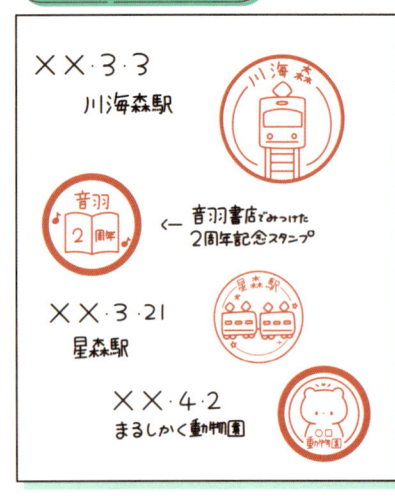

××・3・3
川海森駅

音羽
2周年
← 音羽書店でみつけた
2周年記念スタンプ

××・3・21
星森駅

××・4・2
まるしかく動物園

スタンプはいろいろな駅や観光地に
設置されているから、
お出かけのときに持ち歩こう!

スタンプノートの表紙を
デコってもいいね!
129ページに
デコった例をしょうかい
しているよ☆

推し活ノート

推している芸能人やアニメ、マンガなど自分の好きなものの推し活の記録に使おう!

買ったグッズのイラストや
ライブのセットリストを
記録しても◎

雑誌の切りぬきをはって
まとめてもいいね!

リリースイベント

11/2

@ピラミッドレコード

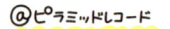
セットリスト
01 _____
02 _____
03 _____
04 _____

MC
かけるクン

New
ペンラとうちわ♪

新衣装
王子様みたい♡
こっち見てウインクして
くれたー!最高!!
次の推し活はドームコンサート♪

描くときだけじゃなく、持ち運ぶときの大きさや
紙の質感なども考えてノートを選ぶといいぞ!

コラージュノート

シールや切り紙をはり合わせて、コラージュノートを作ろう。工作気分で楽しめちゃう！

「ゆめかわ」「ポップ」など色のテーマをそろえるとオシャレな印象になる！

マスキングテープをはってもGood！

MYイラストノート

自分が描いたイラストを1冊にまとめよう。見返すと自分の絵の上達が感じられるかも！

スケッチブックなど描きやすくてじょうぶなノートを選ぼう！

××××・10・31
「ハロウィン当日」

別の紙に描いたイラストをはってもOK！

××××・12・13
「もうすぐクリスマス」

うさぎサンタ

交かんノート

友だちと交互に書いて使うノートを作ろう。手紙のように伝えたい気持ちを書いたり、その日の日記をそれぞれ共有したりしてもいいね！

質問やクイズなどを書くと、次に書く人も楽しくなる！

6月3日(月)

今日の担当はゆきだよ🎀

くるみちゃん、きのうはあそびにさそってくれてありがとう
土曜日の映画たのしみ♡
映画久しぶりだな〜
くるみちゃんは最近映画観た??
くるみちゃんの好きな映画教えて〜!

次はくるみちゃん→

6月4日(火)

やっほー
くるみだよー☆

わたしも映画たのしみ♡
最近は「まほうつかいアリー」っていうシリーズの最新作もすき♪
めっちゃおもしろいからオススメ!!
過去作のDVD持ってるから今度うちでみようよ〜♪
そういえば土曜日、何着てく?
よかったらオソロにしよ♡

Next ゆき◎

レッスン6　手紙やメッセージカードの書きかた

友だちや家族におくる手紙の書きかたをしょうかいするよ。
相手に伝わりやすい書きかたやかわいく見せるアレンジ方法を使ってみてね！

手紙の書きかたをマスターしよう！

キホンの手紙の書きかたや書く内容、順番をしょうかいするよ。

① あて名

だれあての手紙なのか
わかるように書こう。

② 伝えたいこと

プレゼントのお礼や遊び
のさそい、学校のできご
と、恋の相談など……。
一番伝えたいことをはじ
めに書こう。

あかりんへ
・・・・・・・・・・

この前はクッキー🔲 をくれてどうもありがとう！

とってもおいしかったよ♥

あかりんと話すの、いつもとっても楽しいよ♫

これからもたくさんおしゃべりしようね⭐

かずはより
・・・・・・・・・・

③ 差出人（自分）の名前

だれからもらった手紙なのか
わかるように書こう。

手書きの手紙って、書いた人の気持ちがより伝わってくるから
もらうととってもうれしいよね！

あて名をアレンジしてみよう！

わたす相手に合わせて書きかたを変えてみて！

あて名の書きかたに合わせよう！

	友だちの名前	自分の名前
定番	○○ちゃんへ	○○より
英語	Dear○○ちゃん	From○○
ハングル	○○에게	○○가
メッセージをそえて	親愛なる○○ちゃんへ	ずっと友だち○○より

かわいいフレームでかざりつけよう！

無地の紙にメッセージを書くときは、フレームをかざりつけるとかわいくなるよ。
いろいろなかざりかたでかわいくデコろう！

上下にラインを入れて

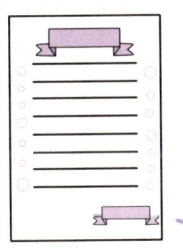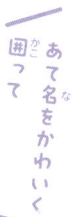
あて名をかわいく囲って

まるく囲って

わくに沿って囲みをつけて

キャラクターを入れて

シールをはって

もらってうれしい手紙のポイントを覚えよう！

手紙をもらった相手がうれしくなるような、
手紙を書くときのポイントをしょうかいするよ！

❶ポジティブな言葉を選ぼう！

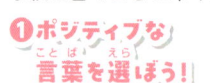

ありがとう　応援してるよ
大好き　○○ちゃんのおかげ

❷相手の好きなものをイラストで描こう！

○○ちゃんの好きなものは…
音楽

❸テープやシールを使って楽しげにかざろう！

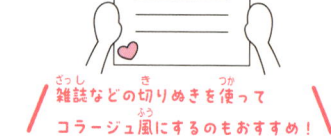

雑誌などの切りぬきを使って
コラージュ風にするのもおすすめ！

手紙を書いてみよう！

手紙のポイントをおさえたら、
わたす相手との関係性や内容に
合わせて手紙を書いてみよう！

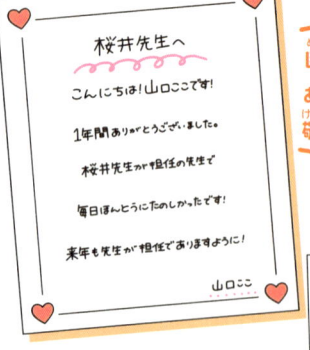

桜井先生へ

こんにちは！山口ここです！
1年間ありがとうございました。
桜井先生が担任の先生で
毎日ほんとうにたのしかったです！
来年も先生が担任でありますように！

山口ここ

目上の人に手紙を書くときは
あいさつからていねいに！
敬語を使って書いてね

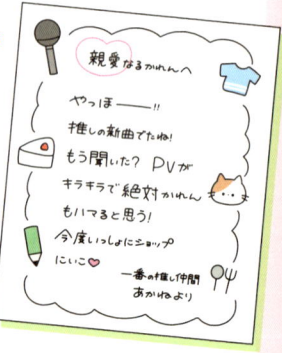

親愛なるかれんへ

やっほー――！！
推しの新曲でたね！
もう聞いた？　PVが
キラキラで絶対かれん
もハマると思う！
今度いっしょにショップ
いこに♡
一番の推し仲間
かおねより

何気ない会話も
手紙にすると
特別感が出るね！

Dear　れいな

もうすぐダンスの
大会だね!!
れいながずっと
がんばってきたの
知ってるよ！
れいななら大丈夫
応援してるね！

Fromしおり

応援メッセージを
手紙で伝えても！

手紙に描いて使えるスタンプ風のミニイラストをしょうかいするよ。
伝えたいメッセージに合わせて、オリジナルのものを考えてもいいね！

あいての似顔絵をイラストにしてもかわいいかも！
自分のために描いてくれたイラストってうれしいよね〜

メッセージカードを書いてみよう!

メッセージカードの書きかたをしょうかいするよ。
記念日や大事なメッセージを伝えるときに書いてわたそう!

たん生日カード

ポイント
一番伝えたいメッセージや
見せたいイラストを
大きく描こう!

ケーキはマストアイテム!

囲みのデザインで
オシャレにかざろう

おたん生日おめでとう!

これからもよろしくね♪

またいっしょにあそぼ〜♡

ゆきの

シールをはってもかわいい

クリスマスカード

ポイント
紙の素材や色にも
こだわって!
金や銀などキラキラした
ものを使うと
クリスマス感が出せるよ!

色画用紙を使ってカラフルに!

イラストや文字は、気持ちをこめてていねいに書くんだぞ!

年賀状

ポイント
その年の干支を
イラストで描こう!

赤や白を使うと
お正月らしい
色合いになるよ!

ウメの花を描いても♡

あけまして
おめでとうございます

昨年はたくさん
あそべてうれし
かったよ!
今年もよろしくね!

招待状

ポイント
伝えたい情報は
箇条書きにして
わかりやすく!

おたんじょうび
パーティー

・ 12月3日16時〜
・ 会場　わくわく広場
・ 持ちもの プレゼント

時間と場所は必ず入れよう

感謝のメッセージ

ポイント
ハートのマークを描くと
感謝の気持ちが
ぐっと伝わりやすくなるよ!

いつもありがとう

記念日や行事がない、ふとしたときに
メッセージをもらうとうれしいよね!

メッセージカードに使える、季節や行事をあらわすイラストを描いてみよう！

春

サクラ / ひなまつり / 卒業証書 / ランドセル / ウグイス / チューリップ / イースターエッグ / ツクシ / こいのぼり / アオムシ / カーネーション（母の日）

夏

かき氷 / てるてるぼうず / ヒマワリ / イルカ（海の日） / むぎわらぼうし / 金魚 / アサガオ / カブトムシ / 織姫と彦星 / おぼんかざり / ネクタイ（父の日）

秋

- ドングリ
- モミジ
- 落ち葉
- カボチャ
- クリ
- サンマ
- オバケ(ハロウィン)
- 魔女(ハロウィン)
- ミノムシ
- ツル(敬老の日)
- 満月(十五夜)

冬

- トナカイ
- サンタクロース
- 雪の結晶
- 雪だるま
- 手ぶくろ
- ニット帽
- 富士山(正月)
- おでん
- そうじ道具(大みそか)
- だるま(正月)
- オニ(節分)

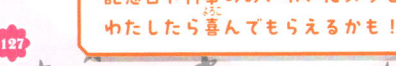

記念日や行事のおいわいにメッセージカードを
わたしたら喜んでもらえるかも!

3章

ノートや手帳をオシャレにまとめちゃお♡

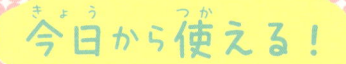

今日から使える！

#02

推しかわ♡イラスト使いかたしょうかい

3章で習ったイラストや文字の使いかたをしょうかいするよ！
今日からマネして作ってみよう♪

使いかた①

手紙に…

フレームやメッセージを
かざり文字やもようで
かざりつけよう！

（121ページでやったよ♪）

> ペンの色や種類も
> 工夫してみて！

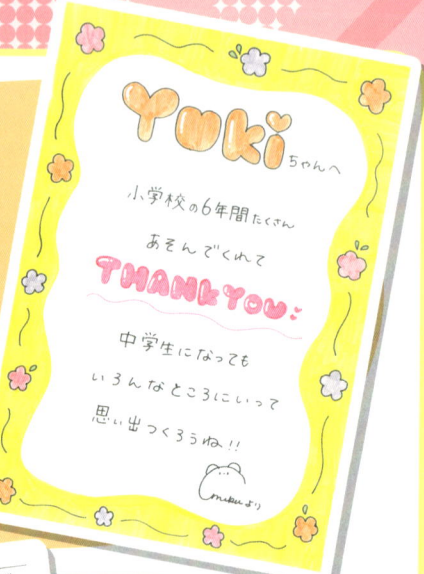

使いかた②

スケジュール帳に…

オリジナルのアイコンを
使って、自分だけの
スケジュール帳を作ろう！

（109ページでやったよ♪）

> その月のイベントに合わせた
> イラストを描くのもいいね！

使いかた③

ハードカバーの表紙に…

紙以外にも描けるペンを使って、
ハードカバーや革風の表紙を
自由にかざりつけよう!

『るるぶ 旅のスタンプ帳』
(JTBパブリッシング)を
使うのもおすすめ!

こい色の表紙に描くときは
白色のペンを使うとイラストが
見やすくなるぞ!

使いかた④

たん生日カードに…

イラストの大きさや文字を
書く場所を変えると、
イメージがぐっと変化するよ!

(124ページでやったよ♪)

おいわいのメッセージは
心をこめて♡

イラストを描くことをお仕事にしているイラストレーターさんに
あれこれをきいてみたよ！

Q イラストを描くとき、どんなアイテムを使っていますか？

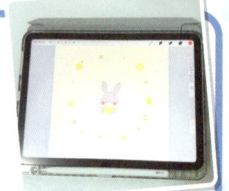

Uka先生

A iPadとApple Pencil

イラストは基本的にデジタルで描いています！　色えんぴつや、すいさいえのぐで描くこともありますよ。

den先生

A とうめいすいさいえのぐ

アナログで描くときは、とうめいすいさいえのぐをよく使っています。デジタルで描くときはiPad Proです。

ここ先生

A iPadとApple Pencil

デジタルでイラストを描くことが多いです。イラストによって、いろいろな種類のペンを使い分けています。

ばななふぃっしゅ先生

A タブレット

Wacom Intuos Proという、パソコンにつないで使うタブレットで描いています。

4人ともデジタルで描くことが多いようだな！
しかし、あのような板でイラストが描けるとはおどろきだ……

130

ミニキャラの描きかたも
しょうかいするよ!

4章

キラキラ☆
アニメ風タッチに
チャレンジ!

顔のパーツや
手、足、ポーズの
キホンがわかる!

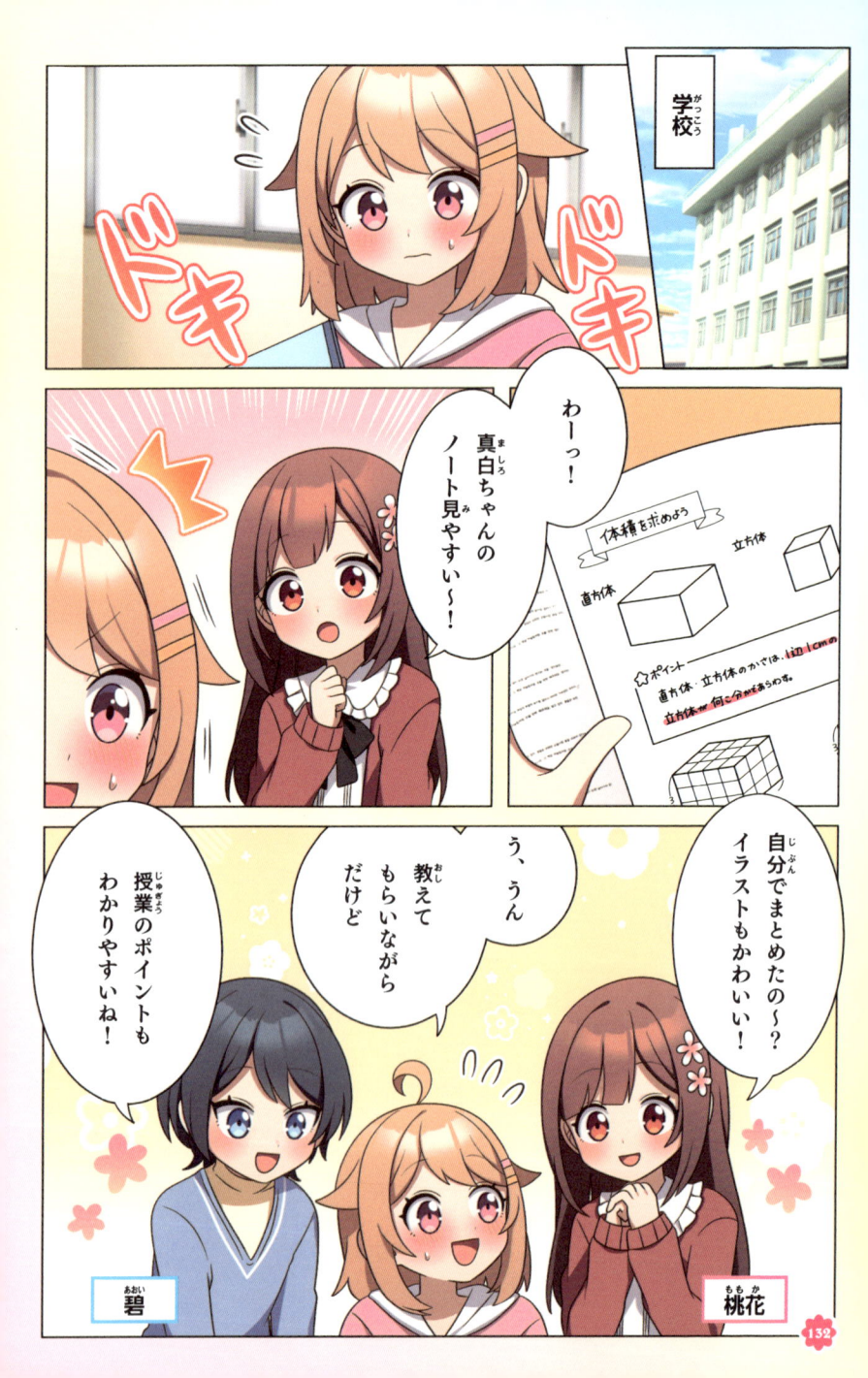

だれに教えて
もらったの？

え!?
えっと…

ドキッ

翡翠のことは
みんなにナイショに
したいな…

し…
親せきの
お兄さん

へぇ！
イラストレーターさん
とか？

そんな人が
いるなんて
うらやましい！

よかったら
真白ちゃんも
交かんノート
しない？

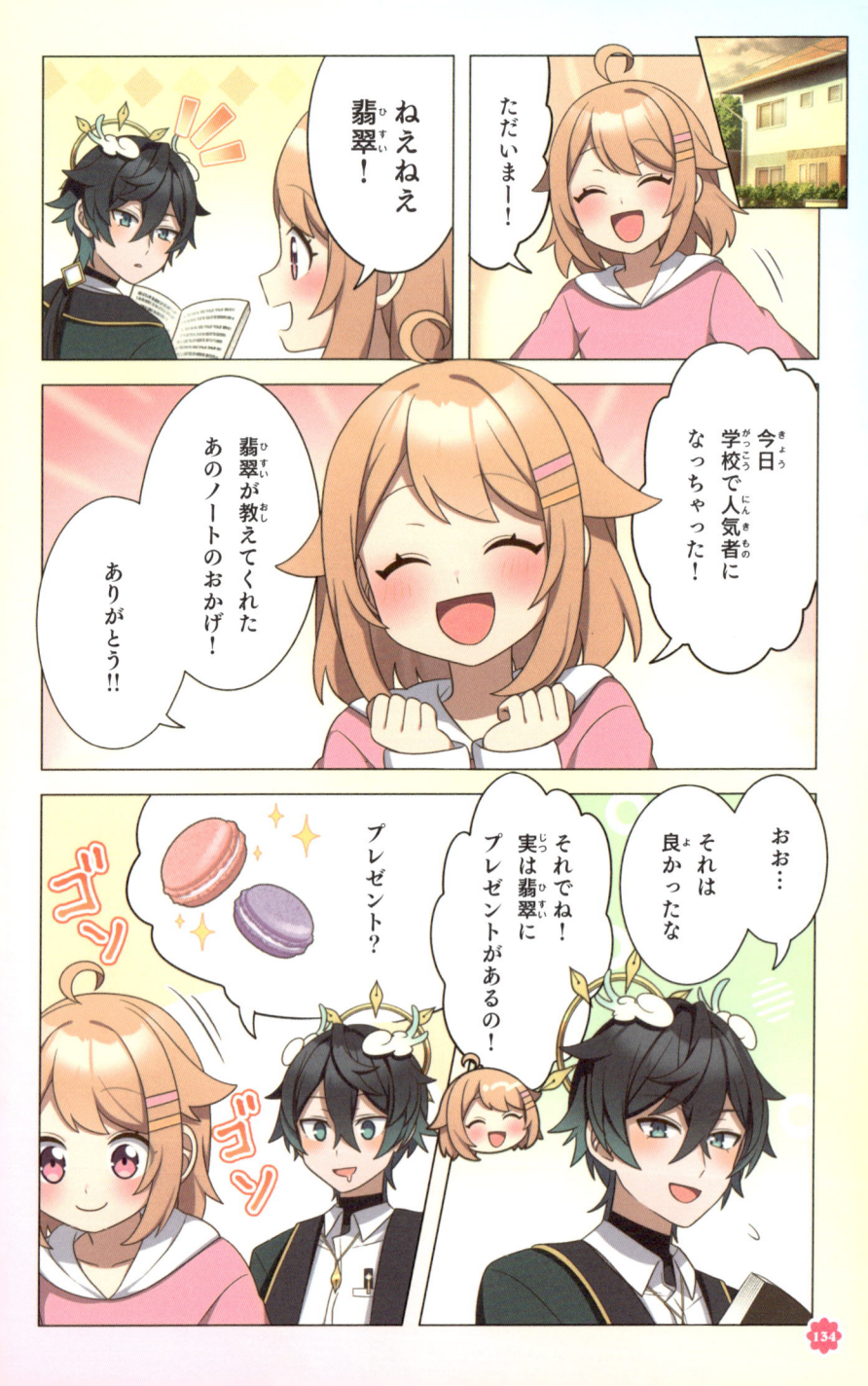

レッスン 1 アニメ風女の子の顔の描きかた

人物のイラストを描くときは、印象や気持ちをあらわすために顔の描きかたが大事だよ。女の子の顔のポイントを覚えてから、いろいろな女の子の顔を描いてみよう！

女の子の顔のポイントを覚えよう！

2章でしょうかいした顔の描きかた（→p.42）をもとに、ポイントをおさえよう！

頭
頭のてっぺんは、たまごのようにまるみをつけて描こう。

まゆ毛
目や表情に合わせて位置や長さを決めるのがポイント！

目
大きく、まつ毛は長めに描こう。目のハイライトは、かわいく描くポイント！

鼻
目より少し下の、左右真ん中の位置に小さく点を描こう。

りんかく
左右の目の横の位置からあごにかけて、ほっぺのまるみが出るようにつなげよう。あごの先に向かってだんだん細くとがらせて描くよ。

首
左右の目の中心をつないだ長さと同じくらいのはばで描くと、自然な感じに見えるよ。

正面顔（しょうめんがお）をマスターしよう！

4章

キラキラ☆アニメ風タッチにチャレンジ！

正面を向いた顔の描きかたを順番に
しょうかいするよ。
左右と上下のバランスを意識して描いてみよう！

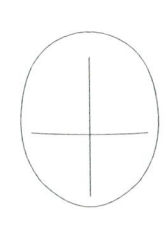

1 ○を描いてめやすの十字線を引こう

たまご形の○を描いて、中央にたてと横の線を引こう。りんかくや顔のパーツを描くときのめやすになるよ。

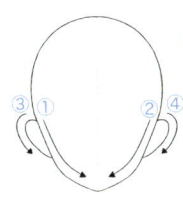

2 りんかくと耳を描こう

横の線から、たての線の下の部分に向かってりんかくの線を描いたら、耳を両はしに描こう。

3 顔のパーツを描こう

たてと横の線が重なったところより少し下に鼻を描いて、左右の目を横の線の上に描こう。まゆ毛は目の上から少しはなして描き、口は鼻の下のたての線上に描くよ。

4 かみの毛を描こう

前がみは○の中におさまるように描いて、残りのかみの毛は○の外側に描き足すよ。最後に首を描いたら完成！

顔の向きを変えて描いてみよう!

顔の向きを変えるときは、めやすの線の位置が大事だよ。
向きに合わせてめやすの線をもとに、顔のパーツを描いていこう!

めやすの線の使いかた

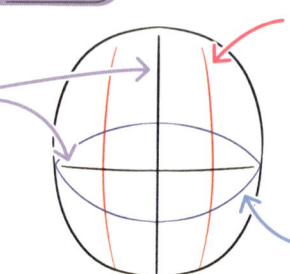

**キホンになる
めやすの線**
○の中心に引くたてと横の線。正面の顔を描くときに使うよ。

**左ななめ・
右ななめ向きの線**
たての線を、向けたい顔のほうにカーブさせよう。

**上向き・
下向きの線**
横の線を、向けたい顔のほうにカーブさせよう。

ななめ向きの顔のポイント

かみの毛
奥のかみの毛はあまり見えなくなるよ。

目
奥にある目は、手前にある目より小さく描くよ。

鼻
たてのめやすの線から少し飛び出るように描こう。

耳
奥にある耳は見えなくなるよ。

口
口の奥側は、手前よりも短く描くと自然になるよ!

りんかく
左右ななめ向きに描くときは、目の近くをくぼませて、ほっぺにふくらみを出そう。

首
あごの先から少しずらした位置と、耳の下から描こう。

奥

手前

左ななめを向いた顔

いろいろな向きの顔をマスターしよう！

左右・上下ななめを向いた顔の描きかたをしょうかいするよ。
それぞれのポイントを覚えたら、マネして描いてみよう！

左ななめ向きの顔

右ななめ向きの顔

上向きの顔

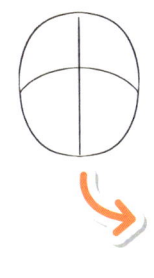
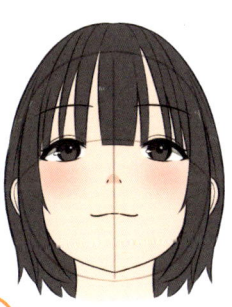

鼻と口の位置は
目に合わせて少
し上に描こう！

下向きの顔

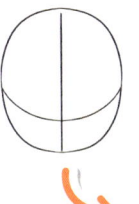

○の少し内側が
頭のてっぺんに
なるよ

ななめ向きの顔は少し難しいぞ。
たくさん見て、描いて練習することが大事だ！

アニメ風の目を描いてみよう！

目は顔の印象を決める大事なパーツだよ。
キホンの描きかたを覚えて、いろいろな目を描こう！

目の描きかた

❶目の形を決める　❷ハイライトとどうこうを描く　❸目の色をつけて、かげやまつ毛を描く　❹反対の目も同じように描く

ハイライト　どうこう

完成！

キホンの目

じと目

たれ目

びっくり

つり目

より描きこんで美少女風に

ネコ目

閉じた目

目の中に♡   おっとり    ぱちくり

目の向きを変えると……

右向き 上目づかい

うつむいた目はまつ毛を下向きに

左向き ふし目

もっと レベルアップ

ハイライトの入れかたをアレンジしよう!

ハイライトの入れかたもさまざま!いろいろな描きかたを試してみてね!

定番	リアル	どうこう上

どうこうの近くに大きく入れる。	ひとみの左右に横長に入れる。	キャラの見ている方向に小さく入れる。

片ほうだけでもだいじょうぶ!

目とまゆ毛を組み合わせる

まゆ毛の形や位置によって表情が大きく変わるよ!

いろいろなまゆ毛の描きかた

目の近くから、まゆ毛をななめにまっすぐ描くとキリッとした印象に!

目とまゆ毛だけでこんなに印象がちがう!

口・耳・鼻を描いてみよう！

目とまゆ毛以外の顔のパーツもしょうかいするよ。

口、耳、鼻の描きかたを変えると
細かい印象のちがいにもつながるぞ

口

口の中のかげ
も描こう

小さく

ベロッ

あーん

口を大きく開ける
ときは、歯を描い
てもGood！

への字に
描こう

口の下に線を引いて
くちびるをあらわすこともできるね！

耳（みみ）

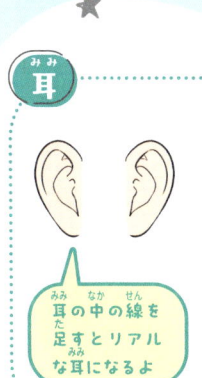

ピアス

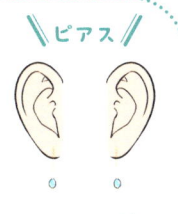

エルフ風（ふう）

耳（みみ）の中（なか）の線（せん）を足（た）すとリアルな耳（みみ）になるよ

鼻（はな）

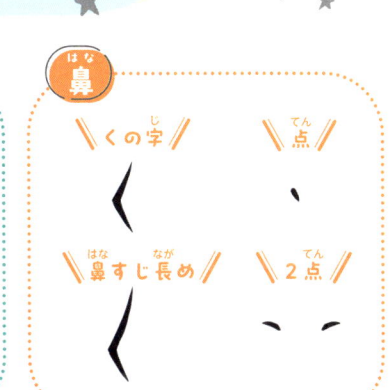

くの字（じ）　　点（てん）

鼻（はな）すじ長（なが）め　　2点（てん）

それぞれのパーツを組（く）み合（あ）わせるとこんな感（かん）じ！

かわいい

大人（おとな）っぽい

異世界風（いせかいふう）

もっとレベルアップ

アイテムを足（た）して女（おんな）の子（こ）の顔（かお）をアレンジしよう！

顔（かお）や顔（かお）のまわりにアイテムを足（た）して描（か）いてみよう！　アイテムの色（いろ）や形（かたち）によっても、イラストのイメージを変（か）えられるよ。

メガネ

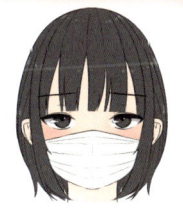

マスク

表情を描いてみよう！

これまでに覚えた女の子の描きかたを使って、
いろいろな表情を描いてみよう！

アニメ風のイラストは
細かい表情の
描き分けができるから
迫力が出せるぞ！

キホンの表情

44〜45ページで覚えた表情の描きかたがキホンになるよ。
アニメ風のタッチで、細かいパーツの描きかたを意識してね。

うれしい顔

ほっぺに赤みを足して、うれしそうな表情にしよう

おこった顔

ほっぺをふくらませると、かわいいおこり顔に

目になみだをうかべよう！

悲しい顔

まゆ毛を下げると、おさえきれない気持ちをあらわせるよ

楽しい顔

こんな表情も描いてみよう！

イラストだけでもキャラの気持ちが伝わってくるね！

\ えっへん /

まゆ毛と口角を上げてほこらしげに

\ はてな /

はてなマークとセットで目線を上に

\ うぇーん /

\ びっくり /

ひとみを小さく

\ しょぼん /

うつむいた目に

\ ねむい /

\ キュン /

ひとみの中にハートマーク！

まゆ毛は少し下げぎみに描こう

かみの毛を描いてみよう！

アニメ風のかみの毛の描きかたを覚えよう！
46ページのかみの毛の描きかたをもとに、
アニメ風に描くためのポイントを見ていくよ。

160ページの男の子の
かみの毛の描きかたも
参考にするといいぞ！

アニメ風のかみの毛の描きかた

ポイント1

パーツごとにかみの毛の流れを考えよう

かみの毛が生えているパーツ（生えぎわ）を理解して、自然な流れになるように描こう！

中間のかみの毛（顔の横に落ちるかみの毛）

前がみ

うしろがみ

ポイント2

毛のまとまりを意識しよう

かみの毛の流れが同じまとまりを意識して描こう。束を細かくして描くと、毛先の流れが出て、アニメ風になるよ！

ハイライト

ポイント3

ハイライトを入れよう

かみの毛の光が当たる部分に細かいたて線を入れて、ハイライトをつけよう！　かみの毛のつやを表現できるよ。

かみの毛を横に広げると風でなびいているように見える！

ヘアスタイルのバリエーションしょうかい

女の子のヘアスタイルをしょうかいするよ。
描きたいイメージに合わせて、アレンジしながら描いてね！

どんなヘアスタイルで描こうかな～

ショート

ボブ

うしろがみの上半分に結んでいる線を描くよ

ハーフアップ

結び目に向かってかみの毛の線を描こう！

ポニーテール

ツインテール

うねるようにかみの毛の流れを作ろう

レイヤーカット

ストレート

ウェーブ

アニメ風男の子の顔の描きかた

女の子の顔の描きかたがわかったら、
次は男の子にチャレンジしてみよう！

男の子の顔のポイントを覚えよう！

男の子の顔を描くときのポイントをしょうかいするよ。
女の子の顔の描きかた（→p.138）と比べて、どこがちがうか見てみよう！

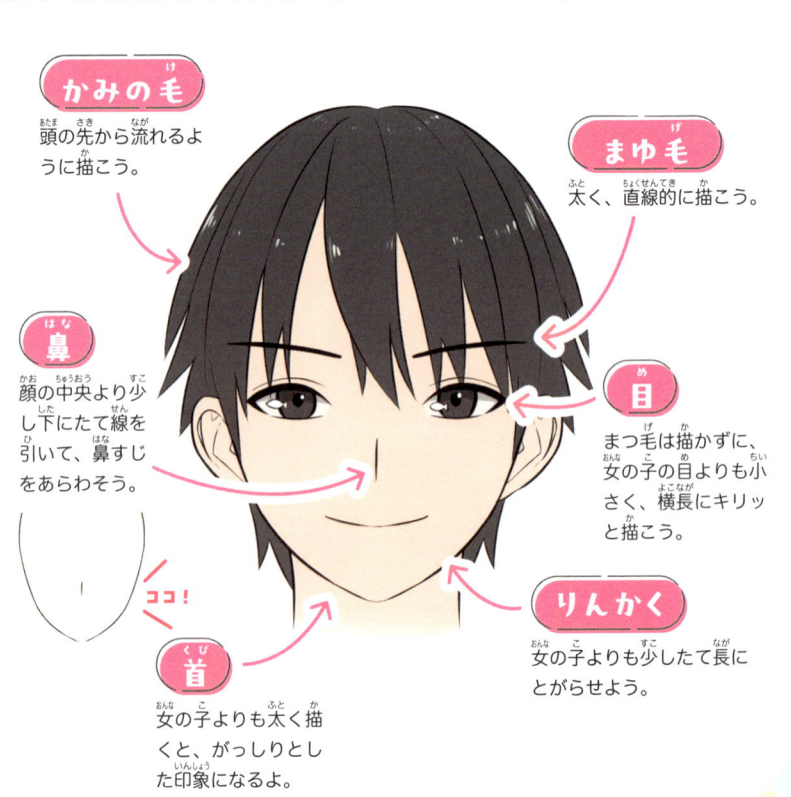

かみの毛
頭の先から流れるように描こう。

まゆ毛
太く、直線的に描こう。

鼻
顔の中央より少し下にたて線を引いて、鼻すじをあらわそう。

目
まつ毛は描かずに、女の子の目よりも小さく、横長にキリッと描こう。

ココ！

首
女の子よりも太く描くと、がっしりとした印象になるよ。

りんかく
女の子よりも少したて長にとがらせよう。

正面顔をマスターしよう！

4章

キラキラ☆アニメ風タッチにチャレンジ！

正面を向いた顔の描きかたを順番に
しょうかいするよ。
左右と上下のバランスを意識して描いてみよう！

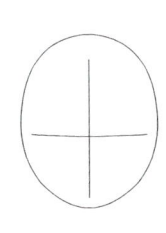

1 ○を描いてめやすの十字線を引こう

たまご形の○を描いて、中央にたてと横の線を引こう。りんかくや顔のパーツを描くときのめやすになるよ。

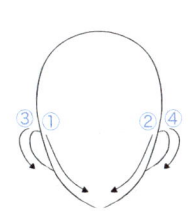

2 りんかくと耳を描こう

○から下にあごが少しはみ出すように、横の線からたての線の下の部分に向かってりんかくの線を描くよ。その次に、耳を両はしに描こう。

3 顔のパーツを描こう

たてと横の線が重なったところより少し下にたて線を引いて、鼻をあらわそう。左右の目を横の線の上に、まゆ毛は目のすぐ近くからつり上がるように描こう。

4 かみの毛を描こう

前がみは○の中におさまるように描いて、残りのかみの毛は○の外側に描き足すよ。最後に首を描いたら完成！

顔の向きを変えて描いてみよう！

顔の向きを変えるときは、女の子の描きかた（→p.140）と同じようにめやすの線が大事だよ。男の子と女の子の顔の描き分けを意識しながら描こう！

ななめ向きの顔のポイント

それぞれ、どんなとくちょうがあるかな？

鼻
線を長めに描いて、鼻すじをあらわそう。

りんかく
ほっぺのふくらみをおさえて、まっすぐな線で描こう。あごの先も少しとがらせるよ。

首
女の子より太めに描こう。

女の子のななめ向きの顔

左ななめを向いた顔

もっとレベルアップ ✨ 横向きの顔の描きかた

横向きの顔を描くときは、めやすの線の描きかたが正面やななめ向きのときと変わるよ。
顔のパーツがそれぞれどの位置になるか、意識しながら描いてみよう！

めやすの線は○から「D」の形になるよ

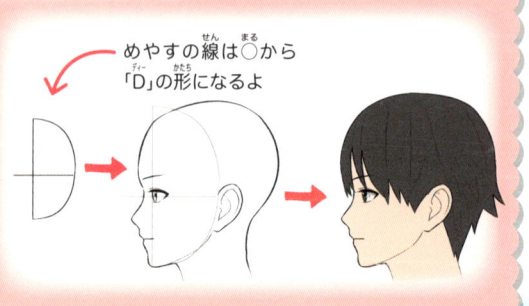

いろいろな向きの顔をマスターしよう！

左右・上下ななめを向いた顔の描きかたをしょうかいするよ。
男の子の顔のポイントを意識して、いろいろな向きの顔を描こう！

左ななめ向きの顔

右ななめ向きの顔

上向きの顔

△の形のかげを鼻に入れて、鼻の高さをあらわそう！

下向きの顔

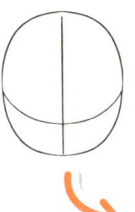
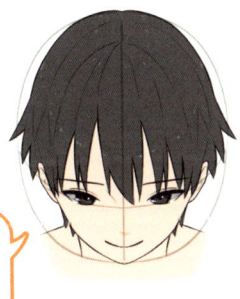

鼻すじの線はあまりのばさず、鼻下にかげを入れよう！

左右と上下ななめを向いた顔が描けたら、それぞれの要素を組み合わせて「右ななめ上」や「左ななめ下」などにもチャレンジしてみてくれ！

アニメ風の目を描いてみよう！

男の子のかっこいい印象は、目の描きかたがポイントの1つになっているよ。
女の子の目と比べながら見て、描いてみよう！

男の子の目のポイント

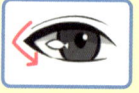 

● 目の形は横長の四角をイメージして、少し切れ目に。
● まつ毛はひかえめに。

女の子の目

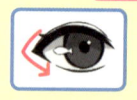 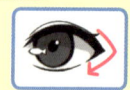

● 目の形はまるく。
● まつ毛は長く。

キホンの目

たれ目に、ひとみを小さく描こう

ねぼけ目

三白眼

にっこり

 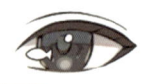

つり目

より描きこんで美少年風に

まつ毛は女の子より短くして、量を減らそう

細目

幼い目

ひとみを大きく描くのがポイント！

目の中に☆

くりん

ぱちっ

ひとみを
まんまるに！

目の向きを変えると……

右向き

上向き

左向き

ふし目

目とまゆ毛を組み合わせる

まゆ毛の描きかたも女の子と少し変わるよ！

男の子のまゆ毛のポイント

女の子のまゆ毛

・目の近くに描こう。
・女の子より少し太めの線で！

目とまゆ毛だけでこんなに印象がちがう！

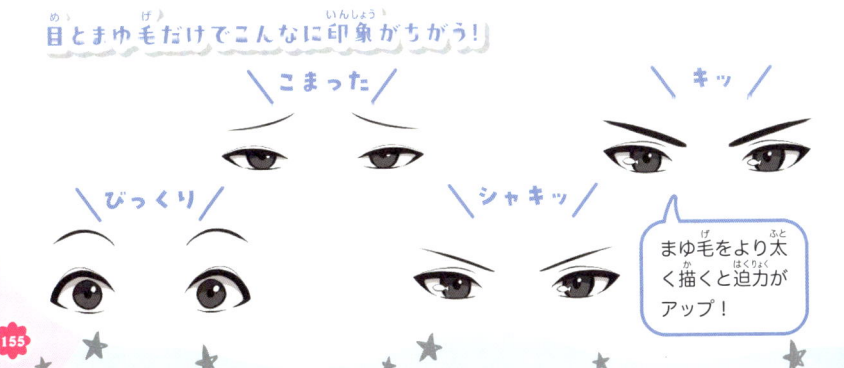

＼こまった／

＼キッ／

＼びっくり／

＼シャキッ／

まゆ毛をより太
く描くと迫力が
アップ！

男の子の口、耳、鼻のパーツをそれぞれしょうかいするよ！

パーツを少し変えるだけでも
いろいろなタイプの男の子が描けるね！

口

ニカッ

口のはしを下に曲げて
考えている風に

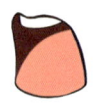

ベロッ

くちびるの線を
足しても♡

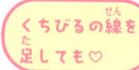
くいしばる

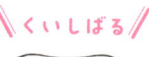

歯を描くと
力強い印象に

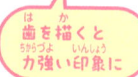
八重歯

歯の両はしを
とがらせて

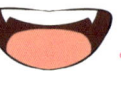

男の子の口は女の子より
横にはば広く描くのがポイントだぞ！

耳（みみ）

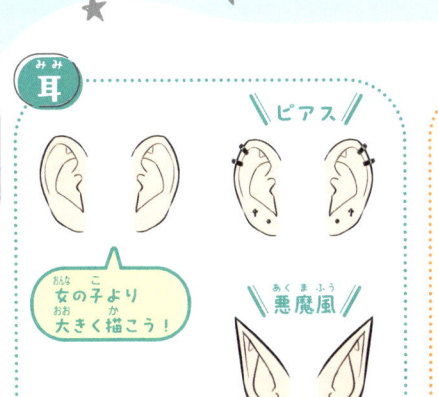

＼ピアス／

女の子より大きく描こう！

悪魔風（あくまふう）

鼻（はな）

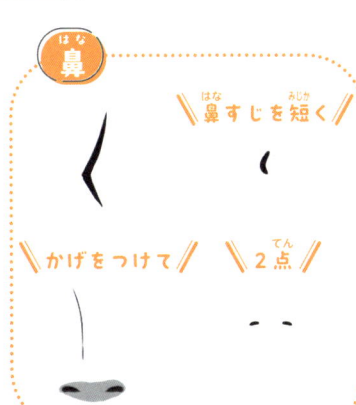

＼鼻すじを短く／（はなすじをみじかく）

＼かげをつけて／

＼2点／（てん）

それぞれのパーツを組み合わせるとこんな感じ！（く・あ・かんじ）

クール

元気（げんき）

異世界風（いせかいふう）

もっとレベルアップ

アイテムを足して男の子の顔をアレンジしよう！（た・おとこ・こ・かお）

顔や顔のまわりにアイテムを足して描いてみよう！　ひげを描くとダンディーな印象になるよ。（かお・かお・た・か・いんしょう）

片メガネ（かた）

ひげ

表情を描いてみよう!

男の子の表情の描きかたを見ていこう。
キホンの表情やそのほかの表情を見て、
自分なりにアレンジしてみてね!

描きかたを
少し変えるだけでも
表情が変化するぞ!

キホンの表情

44〜45ページで覚えた表情の描きかたがキホンになるよ。
女の子の表情の描きかた（→p.146）とのちがいや、細かいパーツの描きかたを意識してね。

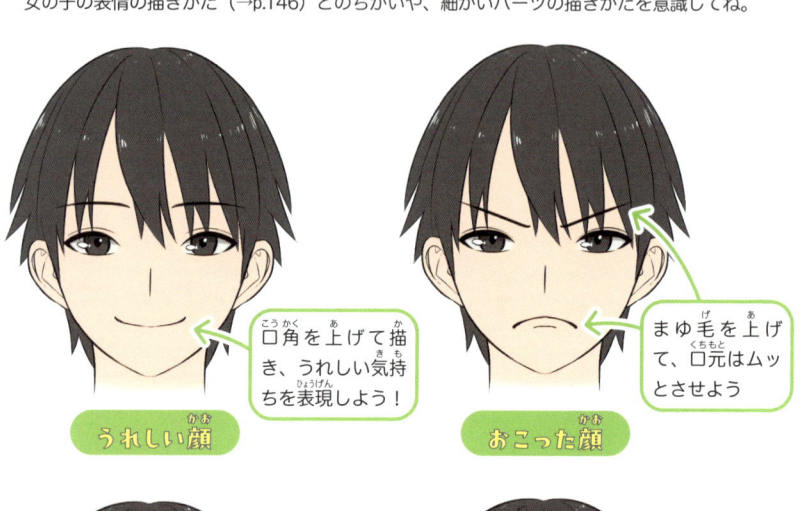

口角を上げて描き、うれしい気持ちを表現しよう!

うれしい顔

まゆ毛を上げて、口元はムッとさせよう

おこった顔

まゆ毛と口角を下げて描こう

悲しい顔

口を開いて歯を見せると、笑った表情に見えるよ!

楽しい顔

こんな表情も描いてみよう！

\ びっくり /

\ ドヤ顔 /

歯をくいしばるように描くと悲しさがより表現できる！

\ ぐすん /

\ しんけん /

\ しょぼん /

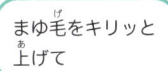

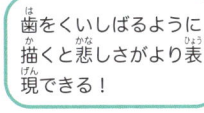

まゆ毛をキリッと上げて

口を小さく描こう

\ てれる /

\ ニヤッ /

目線をそらせて、ほっぺを赤くしよう

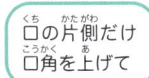

口の片側だけ口角を上げて

男の子のかみの毛の描きかたをしょうかいするよ。
46ページや、女の子のかみの毛の描きかた（→p.148）をもとに、ポイントをおさえてね。

アニメ風のかみの毛の描きかた

ポイント1

頭の形を意識しよう

かみの毛はめやすの○の線に沿って描くよ。○の線は頭の形になるから、○より外側にかみの毛を描くとボリューム感が出るよ！

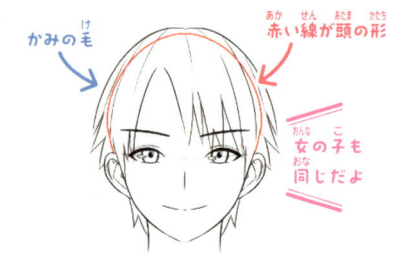

かみの毛

赤い線が頭の形

女の子も同じだよ

ポイント2

生えぎわからかみの毛の流れを考えよう

かみの毛の生えぎわ（→p.148）から横や下に向かって流れるように描くよ。かみの毛が短い男の子を描くときは、毛先を少し外側にハネさせると、かみの毛に動きが出せるよ。

生えぎわ

かみの毛の流れを下描きしておくと描きやすくなるよ

ヘアスタイルのバリエーションしょうかい

アニメ風の男の子のヘアスタイルをしょうかいするよ。
描きたいイメージに合わせて、アレンジしながら描いてね！

おでこの真ん中の毛が立ち上がっているように線を入れるよ

毛先をツンツンハネさせて！

ベリーショート

ショート

センターパート

かみの毛をうしろに流して、生えぎわを細かく描こう

マッシュ

オールバック

ロングヘア

ウルフ

パーマ

レッスン 3 アニメ風のからだの描きかた

男の子と女の子の顔が描けるようになったら、次はからだを描いてみよう！ からだ全体やパーツごとのポイントなどをしょうかいするよ。

からだのキホンをマスターしよう！

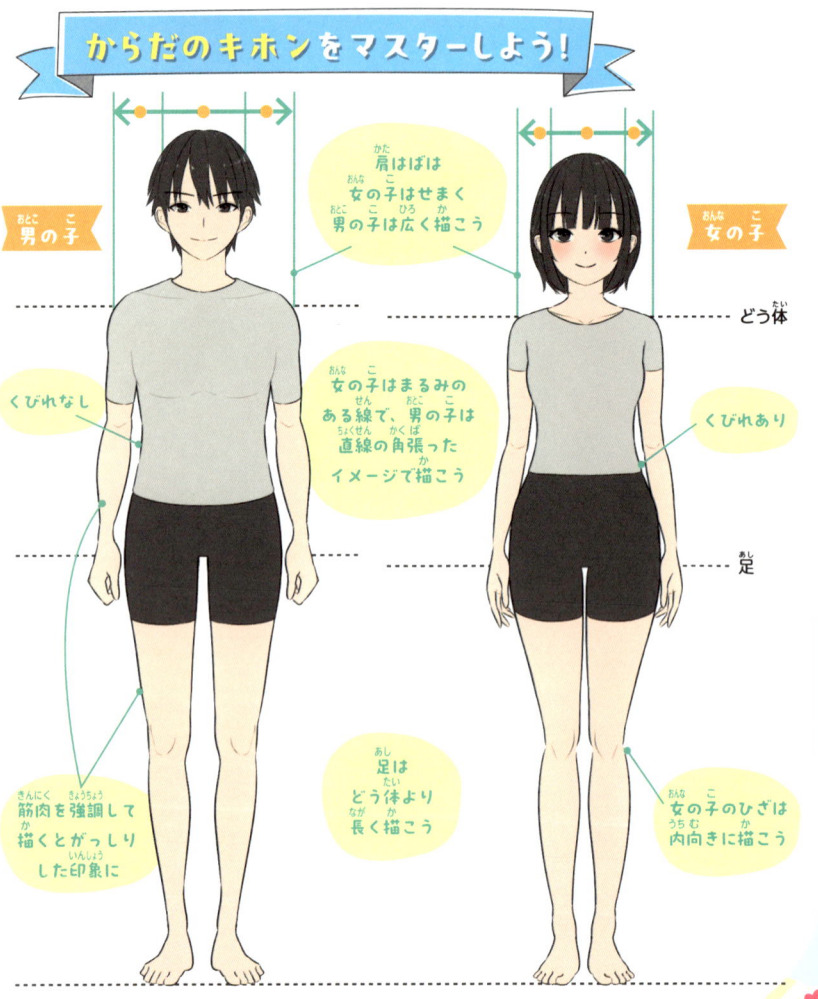

男の子

女の子

肩はばは
女の子はせまく
男の子は広く描こう

女の子はまるみの
ある線で、男の子は
直線の角張った
イメージで描こう

どう体

足

くびれなし

くびれあり

筋肉を強調して
描くとがっしり
した印象に

足は
どう体より
長く描こう

女の子のひざは
内向きに描こう

からだを描く順番

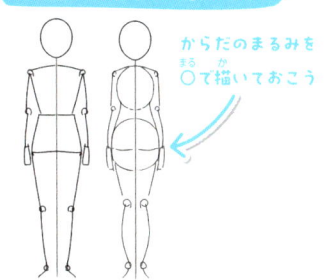

からだのまるみを
○で描いておこう

全身のイラストを描くときは、はじめに顔を描いてから首から下へ順番に描こう。
だいたいの形を下描きしておくと、からだのバランスがとりやすくなるよ！

\\なぞってみよう！//

① 頭

② どう体（うで）

③ 足

上半身の動きをマスターしよう！

からだのつくりがわかったら、次は上半身に動きをつけて描いてみよう！
手や肩・うでの関節の曲げかたがポイントだよ。

上半身の描きかた

1 肩・ひじ・手首の関節を意識して下描きをしよう

肩・ひじ・手首の大きく曲がる関節の位置を意識して描こう。関節の部分に○印をつけるとわかりやすいよ！　○の大きさは、肩、ひじ、手首の順にだんだん小さくしよう。

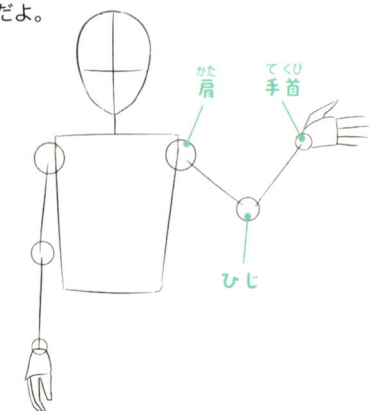

肩　手首

ひじ

2 関節にまるみをつけて肉づけをしていこう

肉づけをするときは、肩やひじにまるみをつけて描こう。「Ｖ」のような、角張った線にならないように意識してね。

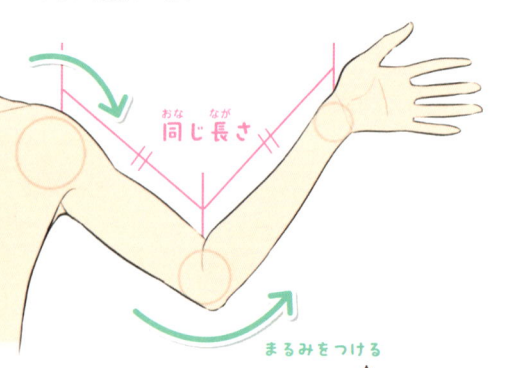

同じ長さ

まるみをつける

動きのあるからだを描くときは、手から描きはじめるなど自分の描きやすい順番で描くといいぞ！

手の描きかた

指と指の間は水かきを
あらわす「U」の形に

中指は一番長く

指先はまるく

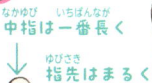

グー

親指のつけ根は
ふくらませて
描こう

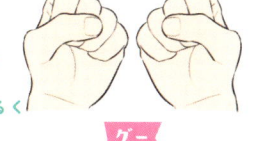

つめを描こう

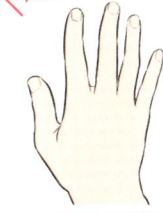

手の甲

チョキ

指さし

肩とうでの描きかた

横にのばす

内側に曲げる

筋肉の
盛り上がりを描こう

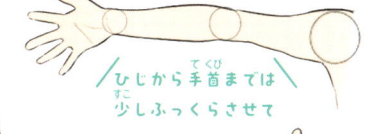

ひじから手首までは
少しふっくらさせて

肩から
上にあげる
イメージ

うでを組む

交差する位置が
ポイント

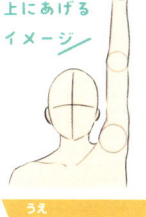

上にあげる

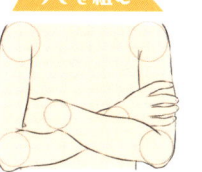

にのうでは
見えなくなるよ！

手前に曲げる

もっと
レベルアップ

上半身のポーズを
描いてみよう！

肩やうで、手に動きをつけたポーズ
を描いてみよう！
自分のからだを鏡で見たり、お手本
をよく見たりして描くといいよ。

ボクシング風

ピース

下半身の動きをマスターしよう！

下半身は、からだ全体を支えたり大きく動かしたりできる大事な部分だよ。
下半身の描きかたを覚えて、自然なポーズのイラストを描こう！

下半身の描きかた

1 からだを支える役割を意識して下描きをしよう！

下半身を描くときは、足のつけ根、ひざ、足首の関節を意識してね。
上半身とのバランスを見て、動きやポーズを決めよう！

自然な足の位置

- 足のつけ根
- ひざ
- 足首

不自然

2 ふくらみを意識した線で肉づけをしよう

足のつけ根からひざに向かってまっすぐに肉づけの線を引いたあと、ひざから足首までは少しまるみのある線で肉づけし、ふくらみを出そう！

足のつけ根は手をおろしたときと同じ高さに

横から見たふくらはぎは、筋肉の部分にまるみをつけるのがおすすめ！

まっすぐ

まっすぐ

まるく

直立のポーズを描くときは、足の間にすきまを作ろう！

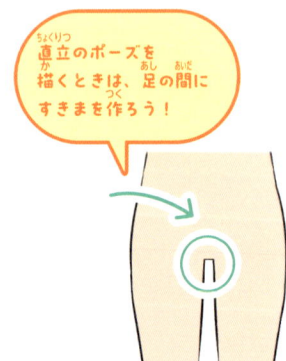

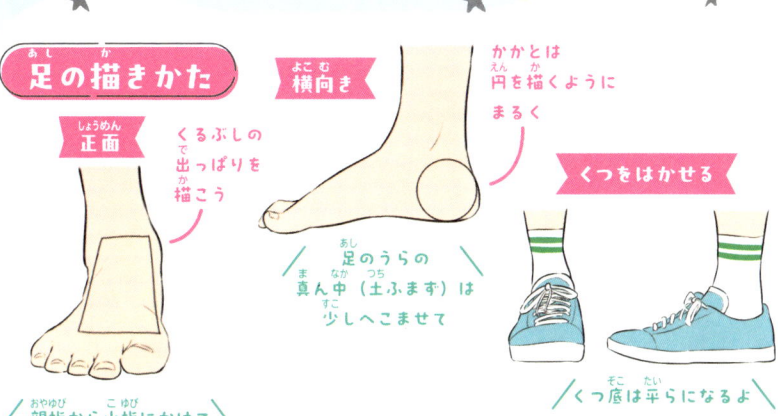

足の描きかた

正面

くるぶしの出っぱりを描こう

横向き

かかととは円を描くようにまるく

足のうらの真ん中（土ふまず）は少しへこませて

くつをはかせる

くつ底は平らになるよ

親指から小指にかけてだんだん細く、短くしよう

全身を使ったポーズを描いてみよう!

全身に動きをつけたポーズを描いてみよう。
大まかにからだの形が描けたら、指先など細かな線を描き足そう!

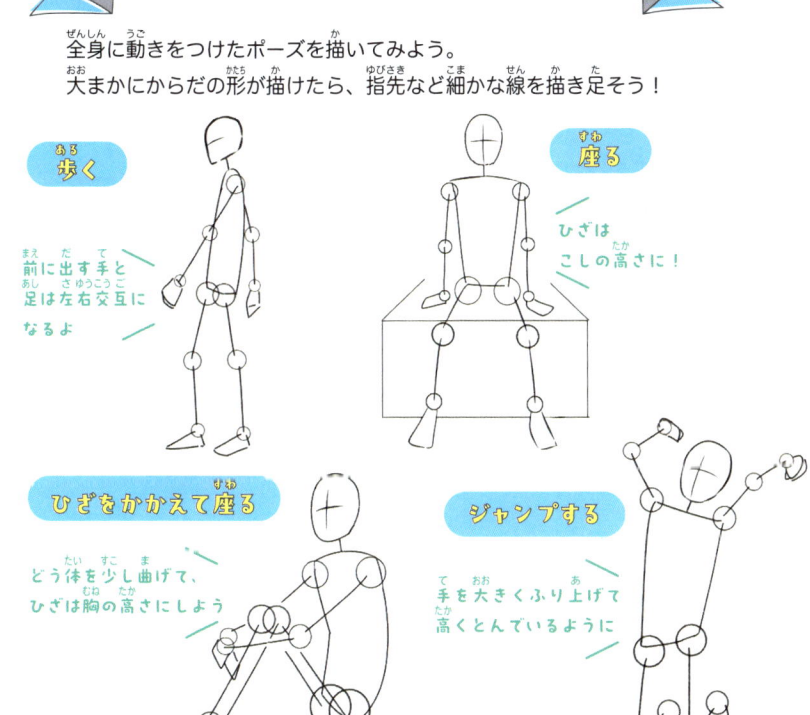

歩く

前に出す手と足は左右交互になるよ

座る

ひざはこしの高さに!

ひざをかかえて座る

どう体を少し曲げて、ひざは胸の高さにしよう

ジャンプする

手を大きくふり上げて高くとんでいるように

4章 キラキラ☆アニメ風タッチにチャレンジ!

さまざまなタイプの女の子を描いてみよう。
描きたいイメージに合わせて、ヘアスタイルや服そう、ポーズを工夫してね！

学生（セーラー服）

うでや足を
からだの中心に寄せると
おとなしめな印象になるよ

黒や紺色など
落ち着いた色を
使おう

学生（夏服）

手足を
大きく動かすと
元気な女の子に！

そでを
まくると
すずしげ！

カジュアル系

ゆるめの
服そうが
ポイント！

チェックの
もようが
アクセント！

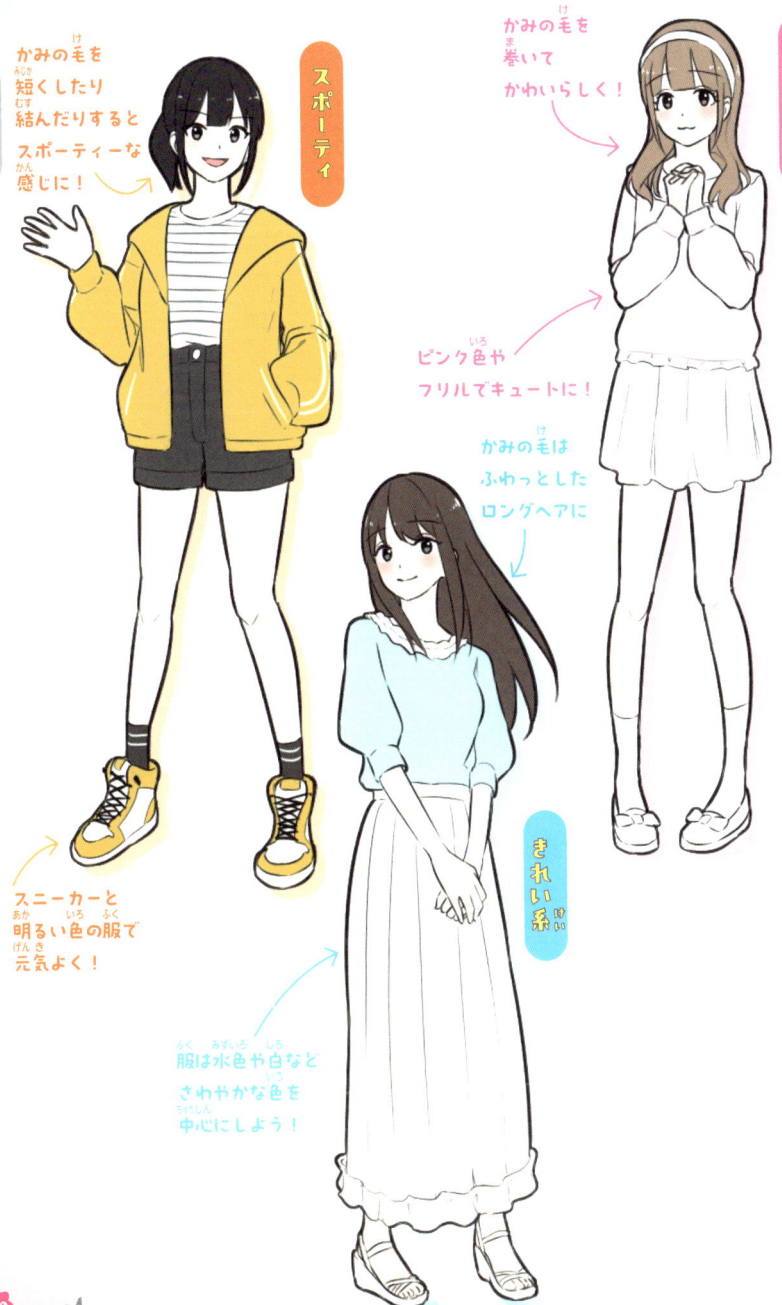

かみの毛を
短くしたり
結んだりすると
スポーティーな
感じに！

スポーティ

かみの毛を
巻いて
かわいらしく！

キュート系

ピンク色や
フリルでキュートに！

かみの毛は
ふわっとした
ロングヘアに

スニーカーと
明るい色の服で
元気よく！

きれい系

服は水色や白など
さわやかな色を
中心にしよう！

ヘルシー系

まゆ毛を上げて
活発な印象に
しよう

おへそを
見せて
ひと工夫！

サングラスなどの
小物を
アクセントに！

モード系

クール系

まゆ毛を下げて
落ち着いた
印象にしよう

服そうや
アイテムを
黒でまとめて！

茶色のバッグを
うでにかけて
大人っぽく

キラキラ☆アニメ風タッチにチャレンジ!

片手に
ドリンクを
持たせて
オシャレに

韓国系

ヘアスタイルは
流行りを
おさえて!

服の色は
ピンクや黒を
中心に!

地雷系

リボンや
小さめの
リュックが
ポイント
アイテム

ポーズは
小さく大人っぽく

お嬢様系

ヒールのある
くつで
スタイルアップ!

アイドル

マイクを持たせて

ポーズは大きく、服そうは派手なステージ衣装に！

姫

ティアラやイヤリングはキラキラに！

大きく広がるスカートがポイント！

もっとレベルアップ **正面から見たフリルの描きかたを覚えよう！**

服やアイテムなどにフリルを描き足すとかわいい印象になるよ！

❶フリルのふちの線を描く。

❷中央に向かって線をのばす。

このあたり

❸かげになるところをぬって立体的にする。

フリルの根元にある土台の線

でこぼこに描くよ！

ココ！

男の子をいろいろ描いてみよう！

さまざまなタイプの男の子を描いてみよう。
描きたいイメージに合わせて、ヘアスタイルや服そう、ポーズを工夫してね！

学生（学ラン）

キリッとした表情で
まじめな印象に

ボタンは
全部とめよう

明るい笑顔で
元気に！

学生（夏服）

グレーの
ベストで
オシャレ度
アップ！

カーディガンで
ゆるさき表現！

ズボンも
ゆったりめに

カジュアル系

さわやか系

青系の服で
さわやかに！

スポーティ

クール系

白いスニーカーで
清潔感を出そう

走っている
ポーズで
動きを出そう

ロングコートで
大人っぽく

ズボンとくつは
スポーツウェアに！

落ち着きのある
色味でクールな
雰囲気に

キラキラ☆アニメ風タッチにチャレンジ！

かわいい系

身長は低めで、
目は大きく
描こう！

ぬいぐるみを
持たせて
愛らしさアップ

ラッパー風

マイクを
持たせると
雰囲気が出る！

服や小物は
ストリート感の
あるデザインで！

マッチョ

肩やうでに
ふくらみをつけて
筋肉を
あらわそう！

筋肉が
わかりやすいように
シンプルな服そうで

ポーズからも
キャラの性格が
見えてくるな！

センターパートで
イマドキ風！

韓国系（かんこくけい）

白（しろ）と黒（くろ）の
コーディネートで
かっこよく仕上（しあ）げよう

かばんを持（も）たせて
仕事中（しごとちゅう）のイラストに

スーツ

かみの毛（け）はあえて
思（おも）いっきり短（みじか）く！

モード系（けい）

ゆるめの
ズボンで
オシャレに

ネクタイや
革（かわ）ぐつで
ビシッと決（き）めて！

かみの毛を
風になびかせよう

アイドル

扇子を
持たせると
より和風に！

和風

羽織に
動きをつけると
よりリアルに
なるよ！

服そうは
王子様のように！

**もっと
レベルアップ** ✨

人物をペアで描いてみよう！

うで組み

手つなぎ

人物をふたり組にして、ポーズをつけてみよう。ふたりの体格差やからだのバランスを意識するといいよ。

肩組み

レッスン 4 ミニキャラの描きかた

小さくって
かわいい～♡

アニメ風のミニキャラの描きかたをしょうかいするよ。
ポイントを覚えたら、いろいろなミニキャラを描いてみよう！

からだの大きさのちがいを知ろう！

人物のイラストを描くときに、からだの大きさを「頭の大きさ何個分か」であらわす「頭身」という数えかたがあるよ。頭身の数によって、人物のリアルさやキャラクターらしさ、大人っぽい、子どもっぽいなどの変化をつけることができるんだ。

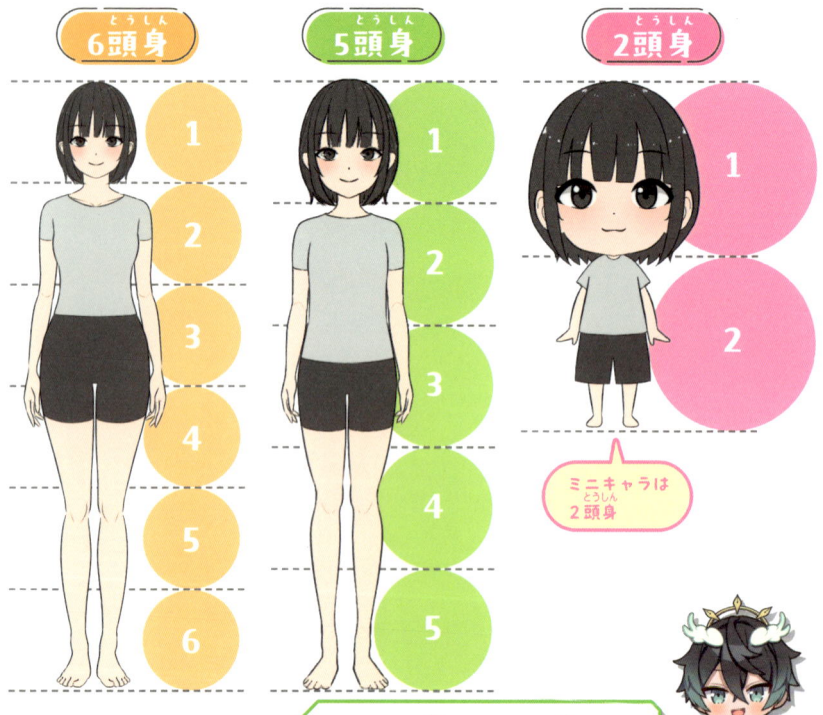

6頭身

5頭身

2頭身

ミニキャラは
2頭身

ミニキャラに少しリアルさを足すなら
2.5～3頭身で描くといいぞ！

ミニキャラを描くときのポイントを覚えよう！

ミニキャラを描くときも、下描きをしてから描こう。
パーツを描くときはそれぞれのポイントを意識してね！

下描きのポイント

☆ 頭の大きさを決めてから、
　からだを同じ大きさに描こう。

☆ からだは△の形に描こう。

☆ 足は、からだの半分より下に描こう。

頭身が変わるとキャラの
イメージも変化するぞ！

かみの毛

細かな線は描きこま
ず、大まかに毛束を描
いていこう。

目

大きめに描こう。

りんかく

あごの先はとがらせ
ず、ほっぺにまるみ
をつけて描こう。

からだ

肩ははばせまく、肩か
らこしにかけて少しず
つ太く描こう。

手・足

指先や足先は細かく描
かず、○っぽく描くと
愛らしさアップ！

ミニキャラの顔の描きかた

ミニキャラの顔の描きかたを順番にしょうかいするよ。
描きかたのキホンは、アニメ風の女の子、男の子の描きかたと同じ！
線のまるみやパーツの大きさを意識して描いてみよう。

なぞってみよう！

1 ○を描いてめやすの十字線を引こう

横長のだえんを描いて、中央にたてと横の線を引こう。りんかくや顔のパーツを描くときのめやすになるよ。

2 りんかくと耳を描こう

○の下半分をめやすに、ほっぺにふくらみをつける。あごの先はとがらせずに、まるみのある線でつなごう。

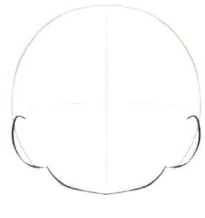

3 顔のパーツを描こう

目はめやすの横線のすぐ下に大きく描こう。目の上にまゆ毛を描いたら、最後に鼻と口を小さめに描くよ。

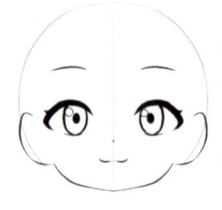

4 かみの毛を描こう

前がみは○の中におさまるように。うしろがみは○の外にざっくり描こう。

いろいろなポーズのミニキャラを描こう！

顔の描きかたがわかったら、動きをつけて描いてみよう！

\うれしい/

\ゲラゲラ/

おなかを
かかえて
大笑い

\うえーん/

なみだは
大つぶに

\びっくり/

うでを
大きく広げて

\プンプン/

目をおこって
いるように

\ガーン/

\きゅるん/

ポーズを
あざとく

\つかれた/

少し大げさなくらいに
動きをつけるとかわいさが増すぞ！

181

キラキラ☆アニメ風タッチにチャレンジ！
4章

今日から使える！

推しかわ♡イラスト 使いかたしょうかい

4章で習ったイラストの使いかたをしょうかいするよ！
今日からマネして作ってみよう♪

使いかた①

オリジナルの キャラクターを考えて…

自分が好きな食べものや動物が
モチーフのキャラクターを考えてみよう！

> 服や性格をノートにまとめれば
> 自分だけの設定集になる！

ショートケーキ

ショートケーキから
生まれた 妖精
わがままものに目がない…
ふんわり猫こ♡ながら
移動する
ドジっ子

うさぎ

イタズラ好きの女の子
ピョンピョンはねて喜ぶ
ちょっぴりさてんがり屋

使いかた②

手作り推し グッズに…

推しの似顔絵を
うちわに描いたり、
イラストを
硬質ケースに
入れたりしてみよう。

> 世界に1つの
> 推しグッズが
> できるよ！

使いかた③

コラージュに…

大小さまざまな
イラストをはって、
コラージュを
作ってみよう!

> イラストの向きや、
> はる角度にも
> こだわって!

使いかた④

友だちの
似顔絵に…

友だちの似顔絵を
描いてプレゼント!
かべにはっても
かわいいよ。

> ヘアスタイルや顔のポイントを
> 思い出しながら描いてみて!

> どれもかわいいな〜♡
> 私も翡翠の似顔絵を練習するぞー!

教えて！ イラストレーターさん！ ④

イラストを描くことをお仕事にしているイラストレーターさんに
あれこれをきいてみたよ！

Q 将来イラストを描く仕事をしたいです！今からできることや、アドバイスはありますか？

A いろいろな人に見てもらう

イラストの練習はもちろん大切ですが、自分以外のいろいろな人に見てもらうこともおすすめです。感想や意見をもらうと成長できるし、将来お仕事にもつながると思います！

Uka先生

A たくさんの作品にふれる

いろいろなイラストレーターさんの作品や活動を見て、たくさん吸収したり学んだりするのがいいと思います。街の中に目を向けると、さまざまなところでイラストが活躍していますよ。

den先生

A 時代に合わせて考える

自分が描いたイラストを発表できる場が、今はたくさんありますよね。そんな中で、たくさんの人に見てもらうにはどうすればよいのかをよく調べることも大切だと思います！

ぬここ先生

A 学校の勉強が役に立つ

お仕事ではメールを送ったり、お金の計算をしたりすることもあります。国語や算数など、学校の勉強が役に立つ場面も多いのでしっかり学んでおきましょう！

ばななふいっしゆ先生

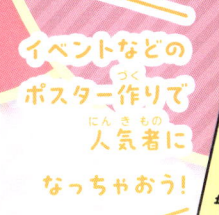

イベントなどの
ポスター作りで
人気者に
なっちゃおう!

移動教室

日程 9月24日(水)
～9月25日(木)
場所 〇〇自然宿泊センター
やること ハイキング
そめもの体験
はんごうすいさん

5章 しょう

オリジナルポスターを
デザインしてみよう

いろいろなデザイン
バリエーションも
覚えられる☆

ね！
すごいでしょ！

最初はどうなることかと思ったが…

またまた〜
そんなこといっちゃって！

まあ人だとわかる程度にはなってきたな

うんっ！

ふむ…
それはいいことだな！

私最近桃花ちゃんと碧ちゃんと交かんノートをしてるんだけどイラストが上手になったおかげで毎日ほんとに楽しいんだよね！

……そろそろ

オレがいなくても
だいじょうぶそうだな…

次の日

来月の
移動教室に
ついてですが

クラス全員で
係の分担を
行い……

……で
ぼくたちが担当する
しおり作りの
ことだけど…

表紙の絵は
ひとりに任せた
ほうがいいよね？

だれか絵や文字が
得意な人はいる？

……！

えっと この言葉を必ず入れてっていってたな

日付と学年 クラスでしょ…

こういう感じのイラストを大きく描きたいんだけど 文字はどこに書いたらいいの？

あーん こまったな～

翡翠 どうしてペンの姿にもどってるの？

早く出てきて助けてよー！

なんだ ひるねのじゃまをするな！ たまには自分で考えてみろ

真白！入るわよ

コンコンッ

う、うん！どうしたのお母さん？

わあ！美味堂のシュークリーム！

ご近所さんからおかしをたくさんいただいたの！

今食べる？

ここのすっごくおいしいよね！

わーい！食べる〜！

じゃあ手を洗ってきなさい！紅茶をいれてあげる

はーい！

タタタ……

パタタ……

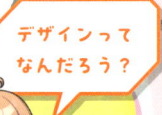
デザインって
なんだろう？

レッスン 1 デザインの考えかた

「デザイン」とは、文字やイラストの色や大きさ、配置のしかたなどを工夫して、大事な情報を楽しく、わかりやすく伝えることをいうよ。デザインでできることや、考えかたを見ていこう！

デザインでできること

・伝えたい情報をわかりやすく伝える。
・文字や絵を組み合わせることで、見た人の興味や関心を引くことができる。

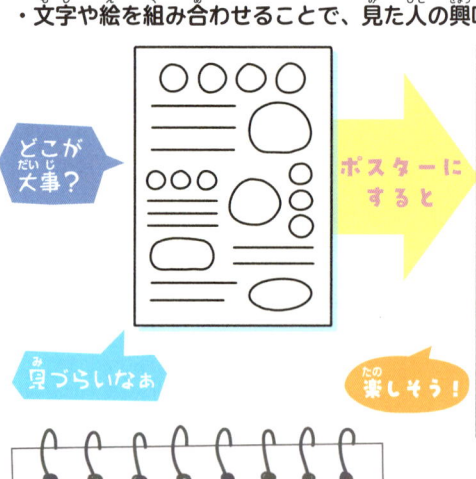

どこが
大事？

ポスターに
すると

見づらいなぁ

楽しそう！

わかりやすい！

デザインを考える手順

❶ デザインの目的を決める。
❷ 伝えたいことをまとめる。
❸ デザインのイメージをまとめる。
❹ 下描きをする。
❺ 清書をする。

次のページから、くわしく説明するよ！

移動教室やイベントの情報を伝える、おすすめの商品を宣伝する、とかが「目的」になるね！

伝えたいことをまとめよう!

目的が決まったら、伝えたいことをまとめよう!
書き出すことで、情報の整理がしやすくなるよ。

まずは書き出す
ことからなんだね!

移動教室のポスターを作る場合

POINT

メモ用紙などに書き出し
ておくと忘れないよ!

移動教室　桜の木第一小5年生 ← **イベント名**

日程
9月24日(水)〜9月25日(木) ← **日程**

場所
〇〇自然宿泊センター ← **場所**

やること
ハイキング
工芸品作り
はんごうすいさん ← **メインの内容**

そのほか
天気がいいとめずらしい青色の鳥が
　　　　　見られるらしい。

そのほか
メイン以外のポイント
や、補足(注意点・
知っておいてほしいこ
と)を書こう。

伝えたい情報を紙に書き出しておこう。
デザインするときに必要な情報が
ぬけてしまっていないかなどを確認できるぞ!

デザインのイメージをまとめよう！

ポスターに入れる情報がわかったら、次は具体的なデザインを考えよう。
イメージのまとめかたを順番にしょうかいするよ！

① 見た目の印象を決めよう

まずは、見てもらう人にどんな印象をもってほしいのかを考えよう。難しい場合は、
自分がこう見せたいと思う印象でもOK！

楽しそう	オシャレ	面白い	芸術的
かわいい	シンプル	レトロ	はなやか

② 決めた印象に近づけるためのデザインを考えよう

色は？　　どんなイラストを描く？　　配置は？

黄色

「楽しそう」って
思ってほしいから、
色は黄色で
元気な感じにしよう

イラストバーン！

イラストを大きく
見せられる
配置にしよっと！

人とか

イラストは
人物をふたり描いて
楽しそうな表情に

内容に関係するものも
いっしょに描こう♪

カレーとか

下描きをしよう！

デザインのイメージが決まったら、本番用の紙に下描きをしよう。
ポスター全体のバランスを見て、文字やイラストを調整してね！

イメージメモ
- 黄色をメインの色にする
- はんごうすいさんの
  イラストを大きく入れる
- 楽しそうな人物イラストも
  入れる

伝えたいことメモ

移動教室　桜の木第一小 5年生
日程
9月24日(水) ～ 9月25日(木)
場所
○○自然宿泊センター
やること
ハイキング
工芸品作り
はんごうすいさん
そのほか
天気がいいとめずらしい星色の島が
見られるらしい。

下描きだから、修正や変更を
したいときにかんたんに
直せるのがいいね！

移動教室
日程　9月24日(水)
　　　～ 9月25日(木)
場所　○○自然宿泊センター
やること　ハイキング
　　　　　そめもの体験
　　　　　はんごうすいさん

えんぴつや消しやすい
ペンを使って描こう

清書をしよう！

下描きができたら、消えないペン
で清書しよう！　まちがえてし
まっても修正液などを使えばだい
じょうぶだよ。

無料アプリでも
ポスターが作れる！

ibisPaint
（アイビスペイント）

デジタルのお絵描きアプリ。描
いているイラストの修正がかん
たんにできて便利！

ダウンロード用
二次元バーコード

完成

移動教室

日程　9月24日(水)
　　　～ 9月25日(木)
場所　○○自然宿泊センター
やること　ハイキング
　　　　　そめもの体験
　　　　　はんごうすいさん

レッスン2 ポスターや表紙デザインのバリエーション

ポスターや表紙のデザインには、伝えたいイメージや文字やイラストの配置によっていろいろなバリエーションがあるよ。作りたい内容に合わせて、参考にしてみてね！

文字中心のデザイン作成のポイント

ポイント1 文字の形や大きさを決めて、まとまりを出そう！

1つのデザインの中で、文字の形や大きさを決めて書くとまとまりが出るよ。目立たせたいところや、ほかの文字とのちがいを出したいときは、その部分だけ形や大きさを変えて書こう！

バラバラで見づらい

> 運動会
> つな引き
> リレー
> 玉入れ
> 大玉転がし

すっきり見やすい

> 運動会
>
> リレー　　つな引き
> 玉入れ　　大玉転がし

ポイント2 目の動きを意識した配置にしよう！

人はポスターなどで情報を見たときに「どこからどのように見る」という、見る順番が決まっているといわれているよ。
横書きは左上から右下に、たて書きは右上から左下にかけての流れを意識して文字を配置すると、読みやすいポスターや表紙になるかも！

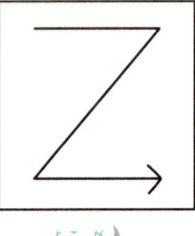

横書き

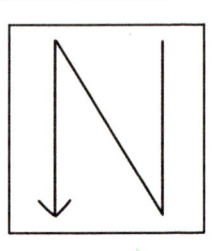

たて書き

文字中心のデザインを見てみよう！

文字を中心にポスターを作るときの例をしょうかいするよ。

横書き&文字を中央にまとめる

大事なところは大きく書こう！
太字にしてもいいね。

行のはじめと
おわりの位置をそろえると、
きれいな印象に！

たて書き&文字を左右に分けて

たて書きのときは、
右から順番に大事な内容を
書くようにしよう！

背景の色にもこだわろう！

横書き&写真を使って

写真をのせると、
情報がより
わかりやすくなる！

情報は同じでも
いろいろな見せかたが
あるぞ！

囲んで箇条書きに
してもいいね！

イラスト中心のデザイン作成のポイント

ポイント 1 **イメージに合った色でまとめよう！**

色には多くの人が感じやすいイメージがあるよ（→p.30）。イメージに合った色やそれに近い色を使って描いて、まとまりを出そう！

黄 元気・明るい
学芸会のポスターなどに

赤 情熱的・熱い
運動会のポスターなどに

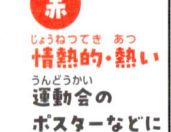

運動会

△月△日（△）

緑 いやし・リラックス
読書会やワークショップのポスターなどに

読書会

△月△日（△）

学芸会

△月△日（△）

ぱっとひと目でポスターのイメージが伝わるから注目を集めやすくなるね☆

ポイント 2 **同じグループの情報を上手にまとめよう！**

同じグループの情報同士を近づけて、大きさをそろえて並べよう。目で見て、情報がまとまっていると理解がしやすいね！

夢の抽選会！

A賞　ゲーム機
B賞　千円分商品券
C賞　おかしセット

A賞…1名
B賞…30名
C賞…100名

夢の抽選会！

A賞（1名）　B賞（30名）　C賞（100名）

ゲーム機　千円分商品券　おかしセット

まとまりがあってわかりやすい☆

情報が整理されていると目に留まりやすいぞ！

イラスト中心のデザインを見てみよう！

イラストを中心にポスターや表紙を作るときの例をしょうかいするよ。

横書き&イラストを中央に

内容をあらわしたイラストを大きく描くと、なんのポスターなのかがわかりやすくなるよ！

大人数で歌うイラストに

似た色を使って描くとまとまりが出る♪

文字とイラストを左右に分けて

応援団を描いてにぎやかに

紙を横長の向きにするとバランスが良く見えるよ！

イラストと文字を左右に分けてまとめることで、どちらも見やすくなるね☆

中央のイラストを文字ではさむ

左右に文字、中央にイラストを描くことで、イラストと文字を両方目立たせられる！

反対に、文字をイラストではさむと上級者!?

学芸会のイメージに合わせたイラストを描こう✦

推しかわ♡イラスト 使いかたしょうかい

5章までに習ったイラストの使いかたをしょうかいするよ！
今日からマネして作ってみよう♪

使いかた①

イベントポスターに…

伝えたいことを整理して
見やすくまとめよう！

> 色がはっきり出るペンや
> えのぐなどを使うとGood!

お楽しみ会

5月10日(水) 3・4時間目
場所▶体育館

5・6年生合同のお楽しみ会があります。

みんなであそんで仲を深めましょう！

おにごっこ　ビンゴ大会　じゃんけん列車

オススメ
BOOK

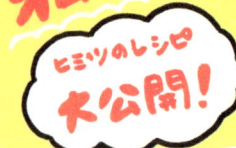

おいしい
オムライスの作りかた

ヒミツのレシピ
大公開！

使いかた②

POPに…

文字の大きさや色を工夫して
目立たせよう！

> 黄色や赤色など、派手な色を
> メインで使うと目を引くよ！

委員会のポスターに…

使いかた③

委員会の活動や
お知らせが
楽しくわかる
レイアウトを
考えて作ろう！

かぜ予防をしよう

手洗い

うがい

マスク

石けんを使って手についた
ばい菌を洗い流そう

外からもどったら、
口やのどにいるばい菌と
サヨナラしよう

ばい菌が体に入ることや
かぜの菌を他の人に
うつしてしまうのを防ごう

保健委員会より

内容に合った
イラストも描くと
わかりやすい！

使いかた④

旅のしおりに…

旅先のイメージや
有名なものを考えて、
デザインを決めてね☆

落ち着いた色を使うと
レトロでオシャレな感じに！

旅のしおり
家族 旅行

2月22日〜2月23日

人に伝える力や情報をまとめる力も身につくぞ！

表紙 全部
真白（ましろ）ちゃんが
描（か）いたんだよ

表紙（ひょうし）全部（ぜんぶ）

おお〜…

うちのクラスの
しおり すごく
いいな〜…

へえ…
佐原（さはら）って絵（え）が
うまいんだなあ

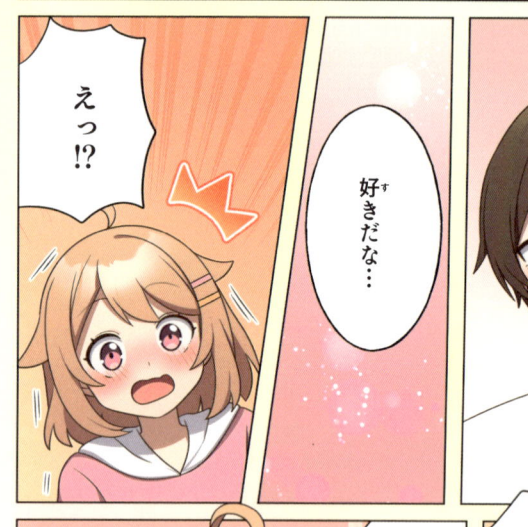

えっ!?

好（す）きだな…

あっ!!
この絵（え）の
ことだよ!?

わ
わかってるよ！

でもうれしい…
ありがとう！

これ

私がクラスの代表で表紙を描いたんだよ

へえ〜‥‥
これ全部真白が？
すごく上手だなあ！

あきっぽかった真白が最近絵ばっかり描いてると思ったら‥‥

こんなに上達してたのね‥‥
すごいじゃない！

えへへっ‥‥

‥‥‥‥

もう
だいじょうぶだな

203

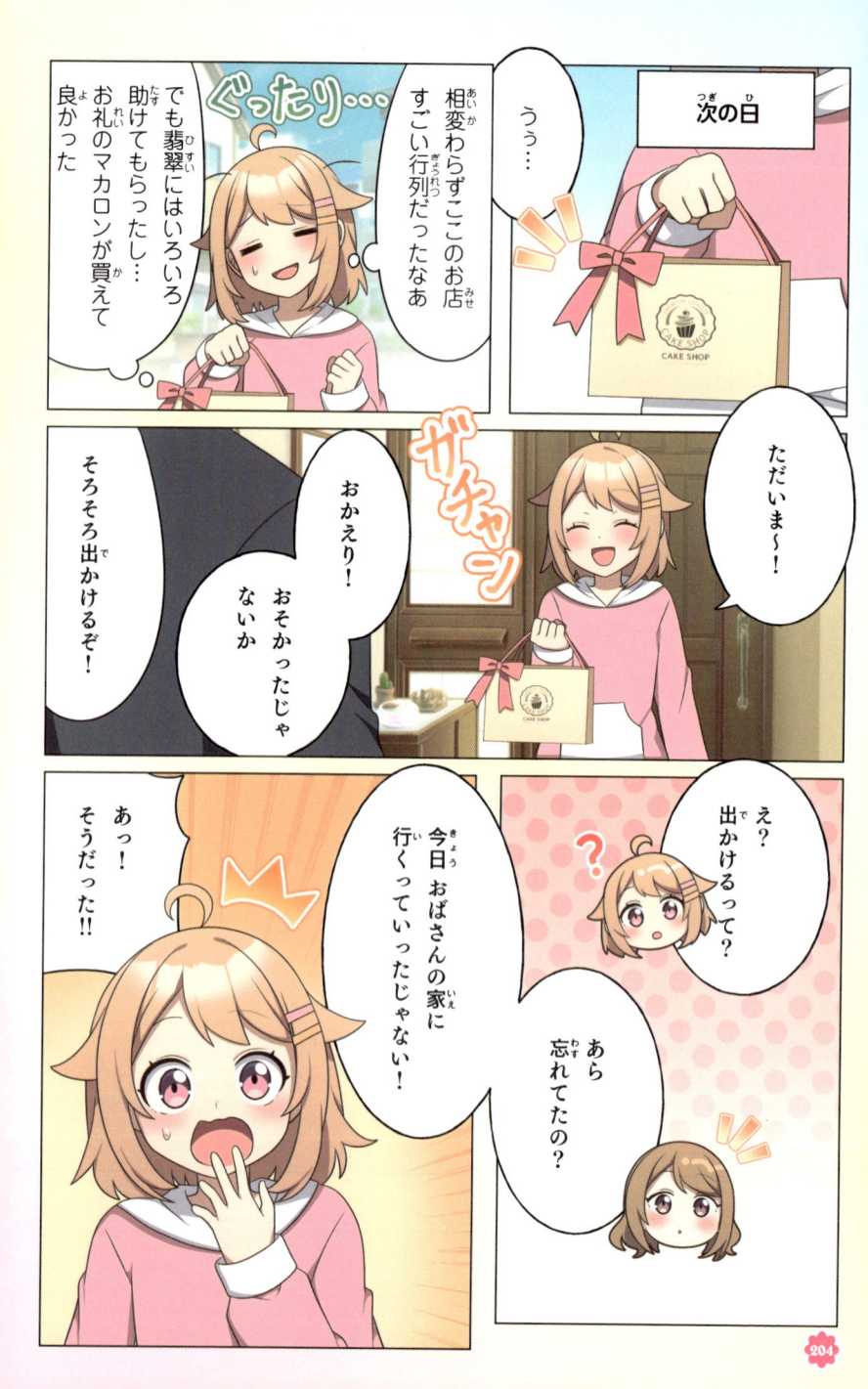

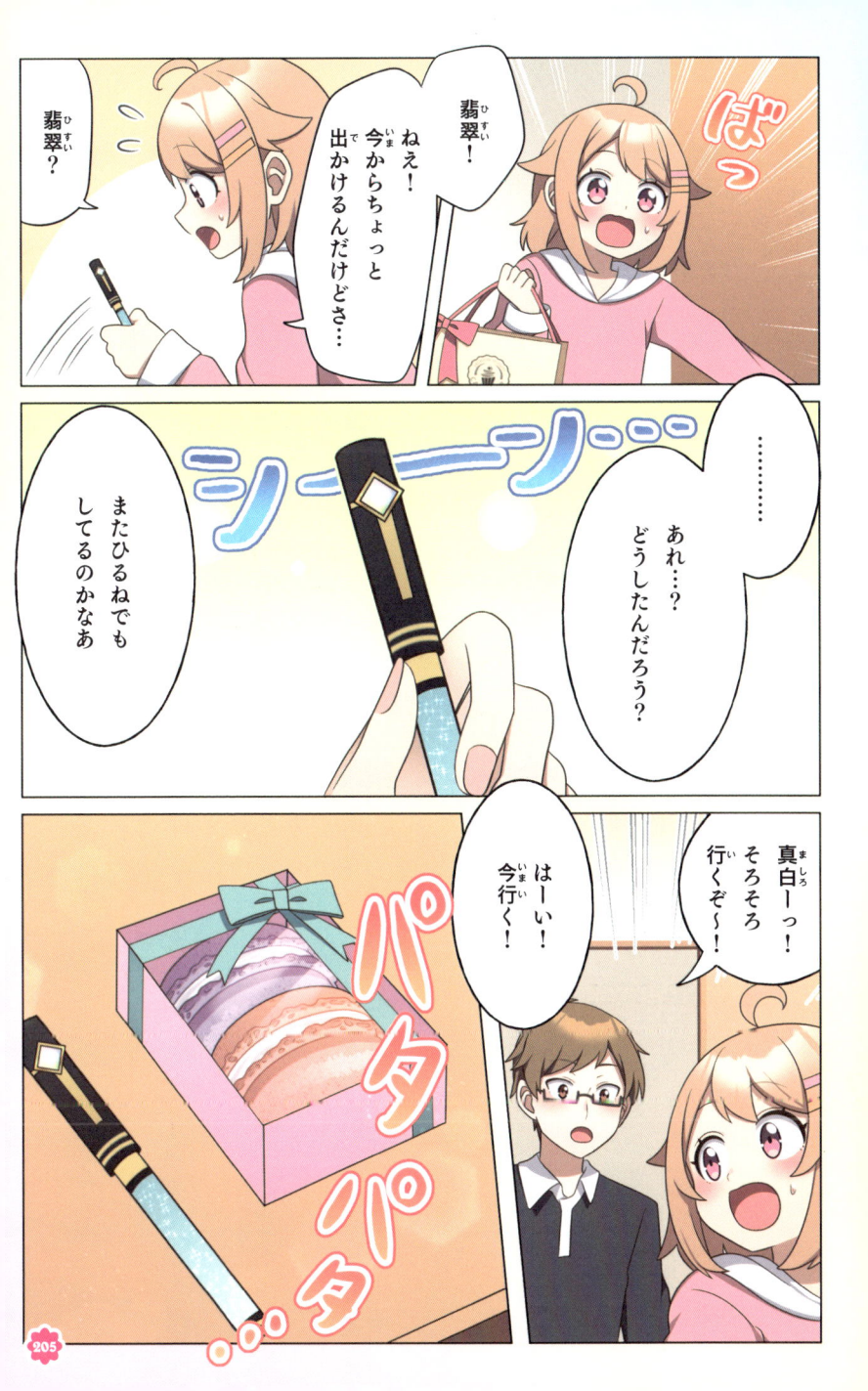

2024年11月15日初版印刷
2024年12月 1 日初版発行

編集人 棚田素乃
発行人 盛崎宏行
発行所 JTBパブリッシング
〒135-8165
東京都江東区豊洲5-6-36
豊洲プライムスクエア11階

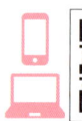 

編集、乱丁、落丁のお問合せはこちら
https://jtbpublishing.co.jp/contact/service

| JTB パブリッシング　お問合せ | 🔍 |

編集・制作
ライフスタイルメディア編集部
(茂木琴乃、滝沢麗乃)

印刷所
大日本印刷

デザイン・DTP
ダイアートプランニング
(村山由紀、伊藤沙弥、石坂光里)

マンガ・キャラクター・表紙イラスト
まるえり

マンガ原案
たかはしみか

撮影
糸井康友

校正
みね工房

編集制作
KANADEL

著者

Uka p.90〜129

ゆるくてかわいいイラストや、オシャレな文字が人気のイラストレーター。イラストやサインのプレゼント企画にも力を入れている。
Instagram：uka_0618
TikTok：uka_0618

den p.18〜25、42〜57、72〜81

アンニュイな人物のイラストが人気のイラストレーター。広告用マンガや企業とのコラボグッズ制作などで活躍中。
Instagram：den__1210
YouTube：den1210den

ぬここ p.26〜33、58〜71、192〜201

もちもちとしたかわいいイラストが人気のイラストレーター。YouTubeで発信しているイラストメイキング動画が人気を集めている。
Instagram：nukoko_neko
YouTube：nukoko_neko

ばなな・ふぃっしゅ p.138〜183

イラスト講座の動画が大人気のイラストレーター。ショート動画を中心に、アニメ風のイラストの描きかたを日々発信している。
YouTube：bananafish1111
X：bananafish1111_

おでかけ情報満載
https://rurubu.jp/andmore

協力・資料提供
ゼブラ株式会社、株式会社パイロットコーポレーション、三菱鉛筆株式会社、株式会社トンボ鉛筆、株式会社サクラクレパス、ぺんてる株式会社、株式会社トゥーマーカープロダクツ、株式会社立川ピン製作所、株式会社呉竹、アイビスペイント(掲載順)

※本書で紹介している商品は、発売時期によって在庫がない場合がございます。